Orientação para a Ação Evangelizadora Espírita da Infância

SUBSÍDIOS E DIRETRIZES

Federação Espírita Brasileira

Orientação para a Ação Evangelizadora Espírita da Infância

SUBSÍDIOS E DIRETRIZES

Coordenação:
Área Nacional de Infância e Juventude do
Conselho Federativo Nacional/FEB

Copyright © 2016 *by*
FEDERAÇÃO ESPÍRITA BRASILEIRA – FEB

1ª edição – 3ª impressão – 2,8 mil exemplares – 1/2018

ISBN 978-85-69452-91-1

Todos os direitos reservados. Nenhuma parte desta publicação pode ser reproduzida, armazenada ou transmitida, total ou parcialmente, por quaisquer métodos ou processos, sem autorização do detentor do *copyright*.

FEDERAÇÃO ESPÍRITA BRASILEIRA – FEB
Av. L2 Norte – Q. 603 – Conjunto F (SGAN)
70830-106 – Brasília (DF) – Brasil
www.febeditora.com.br
editorial@febnet.org.br
+55 61 2101 6198

Pedidos de livros à FEB
Comercial
Tel.: (61) 2101 6168/6177 – comercialfeb@febnet.org.br

Dados Internacionais de Catalogação na Publicação (CIP)
(Federação Espírita Brasileira – Biblioteca de Obras Raras)

F293o   Federação Espírita Brasileira. Conselho Federativo Nacional
           Orientação para a ação evangelizadora espírita da infância: subsídios e diretrizes / organizado pela equipe da Área Nacional de Infância e Juventude do Conselho Federativo Nacional da FEB; Miriam Lúcia Herrera Masotti Dusi, responsável pela equipe. – 1. ed. – 3. imp. – Brasília: FEB, 2018.

           135 p.; 25 cm

           Inclui referências

           ISBN 978-85-69452-91-1

           1. Educação. 2. Espiritismo. I. Federação Espírita Brasileira. II. Título.

CDD 133.9
CDU 133.7
CDE 60.01.00

Coordenação:

Área Nacional de Infância e Juventude do Conselho Federativo Nacional da FEB.

Equipe de elaboração:

Coordenação Nacional da Área de Infância e Juventude do CFN/FEB, Coordenação Adjunta de Infância, Coordenações Regionais de Infância (Centro, Nordeste, Norte e Sul), Representantes da Área de Infância e Juventude das Entidades Federativas Estaduais, Representantes Estaduais de Infância.

SUMÁRIO

Mensagem sobre a criança 11
Mensagem aos evangelizadores 13
Apresentação 15
Introdução 17

PARTE 1
SUBSÍDIOS PARA A AÇÃO EVANGELIZADORA ESPÍRITA DA INFÂNCIA

Capítulo 1 – A criança 25
    1.1 A criança: Espírito imortal 25
    1.2 A criança em processo de desenvolvimento e aprendizagem 27
        Criatividade 31
        Afetividade 31
        Linguagens, imaginação e ludicidade 32
        Socialização e construção de habilidades sociais 33
        Protagonismo infantil 34

Capítulo 2 – A Ação Evangelizadora Espírita 37
    2.1 Definição, finalidades e objetivos 37
        Breves considerações sobre evangelizar e educar 40
    2.2 Eixos estruturantes da tarefa: conhecimento doutrinário, aprimoramento moral e transformação social . 41
    2.3 O papel da família 47
    2.4 O papel e o perfil do evangelizador 49
    2.5 O papel do dirigente da Instituição Espírita 52

2.6 A importância da qualidade da tarefa: qualidade doutrinária, qualidade relacional, qualidade pedagógica e qualidade organizacional 53

    a) Qualidade doutrinária 54

    b) Qualidade relacional 56

    c) Qualidade pedagógica 64

    d) Qualidade organizacional 72

2.7 Espaços de ação com a criança 83

    a) Espaços de estudo doutrinário e vivência do Evangelho 85

    b) Espaços de convivência familiar 96

    c) Espaços de confraternização 97

    d) Espaços de vivência e ação social 98

    e) Espaços de comunicação social 99

    f) Espaços de integração da criança nas atividades do Centro Espírita e do Movimento Espírita 101

PARTE 2
DIRETRIZES PARA A AÇÃO EVANGELIZADORA ESPÍRITA DA INFÂNCIA

Capítulo 1 – Breve história 105

Capítulo 2 – Princípios norteadores e diretrizes nacionais para as ações com a infância 107

    2.1 Princípios norteadores 108

    2.2 Diretrizes nacionais para as ações evangelizadoras da infância 109

    Diretriz 1 – Dinamização da evangelização espírita da infância 109

    Diretriz 2 – Formação de trabalhadores da evangelização espírita da infância 111

    Diretriz 3 – Organização e funcionamento da evangelização da infância no Centro Espírita 115

Diretriz 4 – Dinamização das ações federativas voltadas para a evangelização da infância 120

Capítulo 3 – Dinamizando ações: públicos envolvidos 125

3.1 Algumas ações junto às crianças 126

3.2 Algumas ações junto aos dirigentes 126

3.3 Algumas ações junto aos evangelizadores/coordenadores 127

3.4 Algumas ações junto à família 128

Capítulo 4 – Desenvolvimento, acompanhamento e avaliação 129

4.1 Recomendações 130

Palavras finais 131

Mensagem final – 100 Anos da Evangelização Espírita da Criança 133

Referências 139

MENSAGEM SOBRE A CRIANÇA[1]

Criança e futuro

Hoje, a criança — abençoado solo arroteado que aguarda a semente da fertilidade e da vida —, necessariamente atendida pela caridade libertadora do Evangelho de Jesus, nas bases em que a Codificação Kardequiana o restaurou, é o celeiro farto de esperanças para o futuro.

Criança que se evangeliza — adulto que se levanta no rumo da felicidade porvindoura.

Toda aplicação de amor, no campo da educação evangélica, visando à alma em trânsito pela infância corporal, é valiosa semeadura de luz que se multiplicará em resultados de mil por um...

Ninguém pode empreender tarefas nobilitantes com as vistas voltadas para a era melhor da humanidade sem vigoroso empenho na educação evangélica da criança.

Embora seja ela um Espírito em recomeço de tarefas, reeducando-se, não raro, sob os impositivos da dor em processo de caridosa lapidação, a oportunidade surge hoje como desafio e promessa de paz para o futuro. Sabendo que a infância é ensejo superior de aprendizagem e fixação, cabe-nos o relevante mister de proteger, amparar e, sobretudo, conduzir as gerações novas no rumo do Cristo.

Esse cometimento-desafio é-nos grave empresa por estarmos conscientes de que o corpo é concessão temporária e a jornada física, um corredor por onde se transita, entrando-se pela porta do berço e saindo-se pela do túmulo, na direção da vida verdadeira.

---

1 Página psicografada pelo médium Divaldo P. Franco em 18 de janeiro de 1978, no Centro Espírita "Caminho da Redenção", em Salvador-BA, e publicada na revista *Reformador*, FEB, jun. 1978.

A criança, à luz da Psicologia, não é mais o "adulto em miniatura", nem a vida orgânica pode continuar representando a realidade única em face das descobertas das modernas ciências da alma.

Ao Espiritismo, que antecipou as conquistas do conhecimento, graças à Revelação dos Imortais, compete o superior ministério de preparar o futuro ditoso da Terra, evangelizando a infância e a juventude do presente.

Em tal esforço, apliquemos os contributos da mente e do sentimento, recordando o Senhor quando solicitou que deixassem ir a Ele as criancinhas, a fim de nelas plasmar, desde então, mais facilmente e com segurança, o reino de Deus que viera instaurar na Terra.

BEZERRA DE MENEZES

MENSAGEM AOS EVANGELIZADORES[2]

Filhos,

Roguemos a Jesus pela obra que prossegue sob o divino amparo.

Que não haja desânimo nem apressamento, mas, acima de tudo, equilíbrio e amor. Muito amor e devotamento!

A evangelização espírita infantojuvenil amplia-se como um sol benfazejo abençoando os campos ao alvorecer.

O próprio serviço, sem palavras articuladas, mas à luz da experiência, falará conosco sobre quaisquer alterações que se façam necessárias, enquanto, no sustento da prece, estabeleceremos o conúbio de forças com o Alto de modo a nos sentirmos amparados pelas inspirações do bem.

De tempos em tempos, ser-nos-á necessária uma pausa avaliativa para revermos a extensão e a qualidade dos serviços prestados e das tarefas realizadas. Somente assim podemos verificar o melhor rendimento de nossos propósitos.

Unamo-nos, que a tarefa é de todos nós. Somente a união nos proporciona forças para o cumprimento de nossos serviços, trazendo a fraternidade por lema e a humildade por garantia do êxito.

Com Jesus nos empreendimentos do amor e com Kardec na força da verdade, teremos toda orientação aos nossos passos, todo equilíbrio à nossa conduta.

Irmanemo-nos no sublime ministério da evangelização de almas e caminhemos adiante, avançando com otimismo.

---

2 Mensagem recebida pelo médium Júlio Cezar Grandi Ribeiro, em sessão pública no dia 2 ago. 1982, na Casa Espírita Cristã, em Vila Velha-ES, publicada na separata da revista *Reformador*, FEB, 1986, e na obra *Sublime sementeira*, FEB, 2015.

Os amigos e companheiros desencarnados podem inspirar e sugerir, alertar e esclarecer, mas é necessário reconhecermos que a oportunidade do trabalho efetivo é ensejo bendito junto aos que desfrutam a bênção da reencarnação.

Jesus aguarda!

Cooperemos com o Cristo na evangelização do homem.

Paz!

Bezerra de Menezes

APRESENTAÇÃO

O presente documento, intitulado *Orientação para a ação evangelizadora espírita da infância: subsídios e diretrizes*, foi elaborado considerando-se as contribuições dos trabalhadores da Área de Infância e Juventude das Entidades Federativas Estaduais do Brasil, tendo como base os seguintes princípios:

» O caráter educativo da ação evangelizadora espírita, de modo a promover continuamente o estudo, a prática e a difusão da Doutrina Espírita junto à criança com vistas à vivência dos ensinamentos de Jesus e à formação do homem de bem;

» A concepção de criança como Espírito imortal, biopsicoespiritual, reencarnado em um contexto sócio-histórico-cultural, com potencialidades e necessidades em fase de aperfeiçoamento e como protagonista[1] em seu processo de desenvolvimento moral e aprimoramento espiritual;

» A necessidade de se intensificarem a implantação e a implementação de grupos de evangelização espírita da infância nos Centros Espíritas, garantindo às crianças espaços de efetiva participação, estudo e confraternização;

» A busca da qualidade crescente da tarefa da evangelização espírita,[2] contemplando o zelo doutrinário, relacional, pedagógico e organizacional;

---

1 Compreende-se como protagonismo a participação ativa do indivíduo e o engajamento em seu processo de desenvolvimento, aprendizagem e ação social, buscando contribuir, gradativamente, com seu meio, contando com o apoio e a orientação de pessoas mais experientes.

2 Entende-se por evangelização espírita toda a ação voltada ao estudo, prática e difusão da Doutrina Espírita junto à criança e ao jovem. Por ser Jesus o guia e modelo para a humanidade, seu Evangelho constitui roteiro seguro para a formação de hábitos e caracteres orientados ao bem e à construção da paz. Conforme expõe Bezerra de Menezes (1982), "[...] a tarefa de Evangelização Espírita Infantojuvenil é do mais alto significado dentre as atividades desenvolvidas pelas Instituições Espíritas, na sua ampla e valiosa programação de apoio à obra educativa do homem. Não fosse a evangelização, o Espiritismo, distante de sua feição evangélica, perderia sua missão de Consolador [...]" (DUSI, 2015).

» A necessidade de fortalecer a participação das crianças e sua integração nas atividades do Centro Espírita e do Movimento Espírita;

» A organização de eixos estruturantes e integradores de todas as ações junto às crianças, contemplando: conhecimento doutrinário, aprimoramento moral e transformação social;

» A concepção de evangelizador como Espírito comprometido com seu aprimoramento moral, com sua formação continuada e com a qualidade da tarefa de evangelização;

» O papel do evangelizador, com destaque à sua constante preparação e estudo, bem como ao seu perfil de liderança, dinamismo, integração, afetividade, criatividade, dedicação, comunicação, disciplina, flexibilidade, compromisso e exemplificação;

» O zelo com a ambiência (considerando os ambientes físico e espiritual) e a organização de estratégias metodológicas alinhadas aos princípios da Doutrina Espírita e adequadas e atrativas ao público infantil, que despertem seu interesse, motivação, aprendizado e desenvolvimento, estimulando o autoconhecimento, o autoaprimoramento e a construção de sua autonomia;

» O investimento simultâneo nos diferentes espaços de ação com a criança: espaços de estudo doutrinário e vivência do Evangelho; de convivência familiar; de vivência e ação social; de confraternização; de comunicação social; de integração nas atividades do Centro e do Movimento Espírita;

» A importância do compromisso da família de promover a formação moral[3] da criança e o fortalecimento permanente dos vínculos de afeto, cooperação, respeito e aprendizado coletivo;

» A atenção ao Plano de Trabalho do Movimento Espírita Brasileiro e da Área de Infância e Juventude do Movimento Espírita Brasileiro em vigência e demais documentos oriundos do Conselho Federativo Nacional e da Área de Infância e Juventude, como instrumentos norteadores das ações que promovem a estruturação e a dinamização da tarefa, a formação de trabalhadores, a organização e o funcionamento no Centro Espírita e a dinamização das ações em âmbito federativo.

---

3 KARDEC. *O livro dos espíritos*, q. 629: "Que definição se pode dar da moral? A moral é a regra do bem proceder, isto é, de distinguir o bem do mal. Funda-se na observância da Lei de Deus. O homem procede bem quando tudo faz pelo bem de todos, por que então cumpre a lei de Deus".

INTRODUÇÃO

É através da evangelização que o Espiritismo desenvolve seu mais valioso programa de assistência educativa ao homem.

GUILLON RIBEIRO (1963)[4]

A infância representa relevante fase do desenvolvimento humano, caracterizada por processos formativos essenciais à evolução do Espírito encarnado. Herdeiro da própria história e agente de transformação, o Espírito, na fase infantil, encontra-se em nova oportunidade reencarnatória e conta com a organização biológica, familiar e social necessárias ao seu processo de aprimoramento, zelosamente planejada e acompanhada por benfeitores espirituais.

Nesse período dinâmico e estruturante da formação do ser, a criança encontra-se receptiva a novas aprendizagens e em pleno desenvolvimento das dimensões biológica, psicológica, emocional, social e espiritual, enriquecendo-se com as experiências dos contextos socioculturais e enriquecendo-os com suas percepções e experiências pessoais, construídas ao longo de múltiplas existências. O processo bidirecional de aprendizagem e desenvolvimento ressalta o papel ativo do ser humano, que aprende e ensina desde a tenra idade, convidando-nos ao adequado investimento e à apresentação de referenciais edificantes, de modo a contribuir para o seu êxito reencarnatório.

Considerando que "os Espíritos só entram na vida corporal para se aperfeiçoarem, para se melhorarem" (KARDEC, 2003, q. 385) e que "a educação constitui [...] a chave do progresso moral" (KARDEC, 2003, q. 917), vê-se a grave e impostergável responsabilidade de conduzi-los pela senda do bem, favorecendo-lhes os exercícios de autoconhecimento, reforma íntima, aprendizado e vivência da Lei do Amor.

---

4 As citações apresentadas como epígrafes neste documento constam da obra *Sublime sementeira*, FEB, 2015.

No campo da educação formal, a preocupação com a formação integral do ser humano vem merecendo destaque, em especial após a consolidação do *Relatório Delors* (1996), elaborado por especialistas da educação, filósofos e decididores políticos de todas as regiões do mundo que integraram a Comissão Internacional da Unesco sobre a Educação para o Século XXI. O relatório apresenta quatro pilares educacionais, amplamente difundidos na esfera educacional, que contemplam a necessidade do aprender a aprender, do aprender a fazer, do aprender a conviver e do aprender a ser, perspectiva que supera o legado intelectualista e fragmentado do ser e considera a visão integral das aprendizagens que o constituem, fortalecendo a interação dos saberes e as práticas da convivência e da formação da personalidade.

Sob tal perspectiva, para além da "aquisição de conhecimento", a educação passa a ser concebida como processo formativo de valores e atitudes em favor da paz, da compreensão internacional, da cooperação, dos direitos humanos e das liberdades fundamentais (GOMES, 2001), apresentada como "a chave do desenvolvimento sustentável, da paz e da estabilidade no seio dos países e no mundo" (UNESCO, 2003).

Tais considerações estão em harmonia com a questão 917 de *O livro dos espíritos*, em que os Espíritos ressaltam que é pela educação que se dará a melhoria do homem, mas "não por essa educação que tende a fazer homens instruídos, mas pela que tende a fazer homens de bem". Tal a tarefa que nos compete realizar.

No campo religioso, as Instituições Espíritas, alinhadas aos propósitos de promover o estudo, a prática e a difusão da Doutrina Espírita, têm se empenhado em implementar ações junto à infância de modo a favorecer espaços de estudo doutrinário, vivência evangélica e confraternização, em consonância com o alerta de Bezerra de Menezes (DUSI, 2015):

> Considerando-se, naturalmente, a criança como o porvir acenando-nos agora, e o jovem como o adulto de amanhã, não podemos, sem graves comprometimentos espirituais, sonegar-lhes a educação, as luzes do Evangelho de Nosso Senhor Jesus Cristo, fazendo brilhar em seus corações as excelências das lições do excelso Mestre com vistas à transformação das sociedades em uma nova humanidade.

A ação evangelizadora, inspirada na formação integral da criança, contempla o conhecimento doutrinário, o aprimoramento moral e a transformação social, tendo como finalidade a vivência da máxima do Cristo — o amor a Deus, ao próximo e a si —, e como objetivo primordial a formação do homem de bem. O êxito da tarefa vincula-se aos esforços empreendidos na qualidade doutrinária, relacional, pedagógica e organizacional que perpassam as ações desenvolvidas pelos inúmeros e dedicados evangelizadores nos diferentes rincões do país.

Mediante a relevância e seriedade da tarefa, Joanna de Ângelis convida-nos ao exercício do planejamento, enfatizando:

> Nas atividades cristãs que a Doutrina Espírita desdobra, o servidor é sempre convidado a um trabalho eficiente, pois a realização não deve ser temporária nem precipitada, mas de molde a atender com segurança. [...]
>
> Planejar-agindo é servir-construindo. [...]
>
> Planifica tudo o que possas fazer e que esteja ao teu alcance (FRANCO, 1978).

Em face dessas reflexões, somos instados ao exercício de planejar as ações evangelizadoras junto às crianças a partir da organização de subsídios e diretrizes que favoreçam sua implantação e implementação de forma efetiva, primando por sua qualidade crescente.

Relevante realidade a ser considerada no presente estudo, e que refletirá na organização da atividade nas Instituições Espíritas, refere-se ao crescimento do número de crianças espíritas no país. Um comparativo dos dados do IBGE de 2000 e 2010 indica que, a despeito de a população infantil ter decrescido em âmbito nacional (-10,68%), a população infantil espírita aumentou cerca de 44,83%, o que representa um crescimento de mais de 132.000 crianças, conforme as tabelas a seguir:

Infância (0 a 11 anos)	2000	2010	Diferença
Total Brasil – População	169.872.856	190.755.799	20.882.943
Total Brasil – Espíritas	2.262.401	3.848.876	1.586.475
População Brasil – 0 a 11 anos	39.903.971	35.641.354	-4.262.617
População Brasil – 0 a 11 anos – Espírita	294.610	426.679	+132.069* (+44,83%)
Proporção – Crianças x Brasil	23,49%	18,68%	–
Proporção – Crianças x Espíritas	13,02%	11,08%	–

INFÂNCIA ESPÍRITA		
Faixa etária	2000	2010
0 a 4	106.023	159.832
5 a 9	129.900	183.114
10 a 11	58.687	83.733
Total	294.610	426.679

* *Dados aproximados. Visto que o IBGE trabalha com o segmento etário de 10 a 14 anos, consideraram-se, para fins do cálculo apresentado, os dados do censo divididos nos segmentos de 10 a 11 anos (infância) e 12 a 14 (juventude), atendendo ao critério de proporcionalidade previsto na projeção da população brasileira realizada pelo IBGE.[5]*

O momento nos convida a prosseguir e avançar. A construção do documento *Orientação para a ação evangelizadora espírita da infância: subsídios e diretrizes* objetiva oferecer ao Movimento Espírita Brasileiro referências para potencializar as ações espíritas com a criança, favorecendo o estudo, a prática e a difusão da Doutrina Espírita junto ao coração infantil.

Para tanto, foram considerados como referência na elaboração deste documento:

» Obras básicas da Doutrina Espírita;

» O livro *Sublime sementeira*: evangelização espírita infantojuvenil (FEB, 2015) e outras obras de temática espírita e educacional;

» Documentos orientadores oriundos do Conselho Federativo Nacional da FEB e da Área de Infância e Juventude do CFN/FEB;

» A síntese do documento *Situação da criança e da família no centro espírita*, resultado das considerações das Entidades Federativas Estaduais sobre o tema, elaborado pela Área de Infância e Juventude e apresentado na reunião ordinária do CFN de 2014;

» Ações desenvolvidas pela Área de Infância e Juventude das Entidades Federativas Estaduais ao longo dos anos e compartilhadas durante as reuniões das comissões regionais;

---

5 Estudo desenvolvido por Chrispino e Torracca (2015) e apresentado durante o VII Encontro Nacional da Área de Infância e Juventude do CFN/FEB.

» O Plano de Trabalho para o Movimento Espírita Brasileiro 2013–2017 (2012a) e o Plano de Trabalho para a Área de Infância e Juventude 2012–2017 (2012b);

» Os resultados das enquetes publicadas no *site* do DIJ/FEB, voltadas para os evangelizadores, as famílias e as crianças, no primeiro semestre de 2015;

» As contribuições da Área de Infância e Juventude e das coordenações de Infância das Entidades Federativas Estaduais durante o VII Encontro Nacional da Área de Infância e Juventude (2015);

» Estudos teóricos e contribuições acadêmicas de áreas do conhecimento relacionadas a educação, psicologia e desenvolvimento humano.

O documento organiza-se em duas partes. A primeira é referente ao aprofundamento filosófico-doutrinário da tarefa, com destaque para concepções de infância, eixos estruturantes, qualidade da ação evangelizadora e espaços de ação. A segunda é referente às diretrizes para a ação evangelizadora espírita da infância, com destaque para as contribuições dos estados em resposta à análise da situação da criança e da família no Centro Espírita.

Que o presente documento auxilie as Instituições Espíritas do Brasil na implantação e implementação da evangelização espírita da infância de modo a fortalecer, continuamente, o investimento na alma infantil, reconhecendo a relevante responsabilidade assumida, enquanto tarefeiros espíritas, pais, familiares, evangelizadores e educadores em geral, para sua condução pela senda do bem.

PARTE 1

SUBSÍDIOS PARA A AÇÃO EVANGELIZADORA ESPÍRITA DA INFÂNCIA

CAPÍTULO 1

A CRIANÇA

É pela educação que as gerações se transformam e aperfeiçoam. Para uma sociedade nova, é necessário homens novos. Por isso, a educação desde a infância é de importância capital.
LÉON DENIS (2013)

Visando à melhor compreensão dos elementos que integram as ações junto à infância, apresentamos a seguir concepções e reflexões acerca da criança, características gerais da fase infantil e aspectos que influenciam seu processo de desenvolvimento e aprendizagem.

1.1 A criança: Espírito imortal

As crianças são os seres que Deus manda a novas existências.
(KARDEC, 2003, resposta à q. 385.)

O vento sopra onde quer, e ouves a sua voz, mas não sabes de onde vem, nem para onde vai; assim é todo aquele que é nascido do Espírito.
JESUS
(João, 3:8)

O esclarecimento de Jesus a Nicodemos, o doutor da lei, serve-nos de referência na apresentação do conceito espírita de criança: um Espírito imortal que tem o seu ontem e terá o seu amanhã, "forasteiros do infinito, em busca de novas experiências, à procura da evolução espiritual" (BEZERRA DE MENEZES, 2015).

À luz dos princípios espíritas, a criança é um Espírito de retorno à paisagem das experiências terrenas, pela via da reencarnação, para continuar seu aprendizado e desenvolvimento com vistas ao progresso que o conduzirá à felicidade, à reparação de seus erros e à superação de suas imperfeições. Nesse sentido, não se configura nem como um homem "pronto" em miniatura, nem como uma página em branco a ser preenchida exclusivamente pelos adultos e pelas experiências atuais.

Conforme Santo Agostinho, diferentemente das tradicionais concepções sobre a infância, o Espiritismo nos esclarece que, sob a aparência da inocência e da pureza, há um ser espiritual que viveu experiências milenares e é dono de uma biografia espiritual marcada por conquistas e dificuldades, vitórias e equívocos, virtudes e imperfeições que se expressam na vida física por meio de inclinações, aptidões, temperamento e tendências comportamentais desde a mais tenra idade (KARDEC, 2004, cap. XIV, it. 9). Também considera que, "desde pequenina, a criança manifesta os instintos bons ou maus que traz da sua existência anterior".

Mas a criança enquanto Espírito imortal não é só passado, visto que é igualmente um ser que se abre ao processo de novas aprendizagens num ambiente sociocultural, assinalado pela necessidade imperiosa de progredir.

A visão espírita considera, ainda, que, na fase infantil, o Espírito reencarnado atua "de conformidade com o instrumento de que dispõe" (KARDEC, 2003, q. 379) e "é mais acessível às impressões que recebe, capazes de lhe auxiliarem o adiantamento, para o que devem contribuir os incumbidos de educá-lo" (KARDEC, 2003, q. 383). É nesse período "[...] que se lhes pode reformar os caracteres e reprimir os maus pendores" (KARDEC, 2003, q. 385). Brandura, plasticidade, possibilidade de apreender conselhos dos mais experientes, receptividade às influências externas e aspecto de inocência ("dormitam" certas tendências negativas) são algumas das características que, em geral, possibilitam a intervenção educativa no auxílio ao progresso do ser reencarnado.

Suas ideias, esclarece Allan Kardec (2004, cap. VIII, it. 4), só gradualmente são retomadas, acompanhando o desenvolvimento corporal e psicológico e, por isso mesmo, destaca-se a importância da ação educativa junto à criança pela docilidade que esta apresenta para a formação de hábitos saudáveis que determinarão a personalidade futura.

A infância, desse modo, é uma necessidade para o Espírito, uma "consequência natural das Leis que Deus estabeleceu e que regem o universo" (KARDEC, 2003, q. 385), uma estratégia da pedagogia divina que possibilita sempre a oportunidade da educação integral (cabeça, coração e mãos — pensar, sentir e agir), a única a conduzir a humanidade ao progresso e à felicidade, pela vivência da Lei divina ou natural.

Numa abordagem sintética, enquanto ser interexistencial, a criança, na ótica espírita:

» É um Espírito imortal em trânsito, herdeiro de si, que traz consigo um patrimônio de experiências conquistadas ao longo de suas reencarnações;

» É um ser que reencarna para se melhorar, progredir, numa dada condição física, social, histórica, cultural e espiritual, na qual se expressa como ser de aprendizagens múltiplas sob a influência do seu passado, do atual ambiente em que se situa e dos estímulos, orientações, limitações, possibilidades, desafios e processos educativos presentes em sua experiência reencarnatória.

Sementeira capaz de receber a boa semente, a criança/Espírito imortal é solo cultivável reclamando assistência e cooperação de todos, a fim de que o presente lhe proporcione as condições de enfrentamento das necessidades e dos desafios reencarnatórios que se lhe apresentam como resultado natural de seu processo evolutivo.

1.2 A criança em processo de desenvolvimento e aprendizagem

A criança é a canção com que o tempo embala os ouvidos do futuro quanto é a semente, que, lançada na terra fértil da nobre orientação, produzirá floração e frutos de esperanças para o amanhã.
THEREZA DE BRITO (1991)

A Doutrina Espírita, ao descortinar o véu da ignorância acerca da vida no mundo espiritual, oportunizou um novo olhar sobre a vida no mundo físico, especialmente no que tange à função educativa da reencarnação, conforme nos aponta Joanna de Ângelis (FRANCO, 1994a): "A reencarnação, sem dúvida, é valioso método educativo de que se utiliza a vida, a fim de propiciar os meios de crescimento, desenvolvimento de aptidões e sabedoria ao Espírito que engatinha no rumo da sua finalidade grandiosa."

Por isso, e sobretudo, a tarefa da educação há que ser moralizadora, a fim de promover o homem não apenas no meio social, antes preparando-o para a sociedade essencial, que é aquela preexistente ao berço donde ele veio e sobrevivente ao túmulo para onde se dirige (FRANCO, 1994a).

Sob tal perspectiva, os pais, evangelizadores, educadores e espíritas em geral devem reconhecer nas crianças Espíritos imortais em fase de aprimoramento, com bagagens, conquistas espirituais e necessidades, identificando-os como participantes ativos no processo de construção de sua aprendizagem e de seu desenvolvimento moral.

Superando concepções reducionistas e lineares do desenvolvimento, que se limitam à temporalidade berço-túmulo, a visão espírita amplia a percepção de aprendizagem e desenvolvimento, visto que os considera como processos complementares e retroalimentados, contínuos e ininterruptos, perpassando as etapas da desencarnação e reencarnação, em movimento progressivo de autoaprimoramento.

Sob tal ótica, a infância assume caráter estruturante e favorável a aprendizagens balizadoras de concepções, condutas e perspectivas que sustentarão os passos no caminho evolutivo.

Ao reconhecer a imortalidade da alma e a visão histórica do Espírito reencarnado, considerando a existência de aprendizagens pretéritas e futuras à atual encarnação, amplia-se a repercussão dos investimentos educativos e fortalece-se a formação integral do ser, abrangendo o desenvolvimento intelectual e afetivo, a formação moral e as habilidades interativas e sociais, refletidas em atitudes coadunadas à prática do bem. A concepção de desenvolvimento integral passa a abranger a formação, contínua e gradativa, do homem de bem, tal qual descrita em *O evangelho segundo o espiritismo,* cap. XVII, it. 3.

Destacam-se, nessa perspectiva, o papel ativo do indivíduo no seu processo de autoedificação, os contextos sociais como cenários de enriquecimento cultural e as interações sociais como processos fundamentais pelos quais as aprendizagens se constituem. Para além da concepção inatista de desenvolvimento humano — em que as habilidades são consideradas inatas e prontas desde o nascimento, com pouca possibilidade de mudança — e da concepção ambientalista — em que se considera o determinismo do ambiente na constituição do indivíduo —, verifica-se a concepção sociointeracionista como valorizadora dos processos interativos, reconhecendo a relação indivíduo-meio como processo bidirecional de enriquecimento e aprendizagem. Tal concepção impacta diretamente as estratégias que contribuirão efetivamente para a formação integral da criança, ao reconhecer a singularidade do ser, a diversidade dos contextos e a oportunidade das interações.

Sob tal ótica, o desenvolvimento humano não ocorre de forma determinista, uniforme, tampouco passiva, visto que as informações do ambiente não são recebidas prontas, mas elaboradas junto à subjetividade do indivíduo, formada por experiências (pretérito), ideais (futuro) e oportunidades (presente) de aprendizagem. Os contextos ambientais passam a ser influenciadores — mas não determinantes — das aprendizagens, marcadas pelas inúmeras experiências culturais.

Conforme nos afirma o Espírito Joanna de Ângelis:

> A criança não é um "adulto miniaturizado", nem uma "cera plástica", facilmente moldável. Trata-se de um Espírito em recomeço, momentaneamente em esquecimento das realizações positivas e negativas que traz das vidas pretéritas, empenhado na conquista da felicidade (FRANCO, 1994b).

O desenvolvimento, as aprendizagens e as interações das crianças em diferentes contextos, estruturados ou informais, sociais ou familiares, aponta-nos para a especificidade dos processos formativos e para as características da contemporaneidade, exigindo sensibilidade, empatia, criatividade e dedicação por parte de todos os que com elas convivem. A relevância das interações sociais é destacada em *O livro dos espíritos*, q. 766, ao afirmar-se que: "Deus fez o homem para viver em sociedade. Não lhe deu inutilmente a palavra e todas as outras faculdades necessárias à vida de relação". "Homem nenhum possui faculdades completas. Mediante a união social é que elas umas às outras se completam, para lhe assegurarem o bem-estar e o progresso (comentário sobre a questão 768).

Verifica-se, ainda, a evolução tecnológica, a consciência ambiental, o acesso às redes de comunicação, dentre muitos outros aspectos do mundo contemporâneo, o que nos alerta para o exercício sensível do olhar aos Espíritos recém-reencarnados, reconhecendo características singulares nas crianças da atualidade, refletidos em seus interesses, comportamentos, habilidades, estratégias comunicacionais etc.

Destacam-se, nesse aspecto, as observações dos Espíritos na obra *A gênese* (KARDEC, 2005a), em que a geração nova é apresentada no mundo em transição, afirmando-se o gradual nascimento de Espíritos mais adiantados e propensos ao bem. Conforme alertam:

> A época atual é de transição; confundem-se os elementos das duas gerações. Colocados no ponto intermédio, assistimos à partida de uma e à chegada da outra, já se assinalando cada uma, no mundo, pelos caracteres que lhes são peculiares (it. 28).

Visando à renovação e à instauração da era do progresso moral,

> [...] a nova geração se distingue por inteligência e razão geralmente precoces, juntas ao sentimento inato do bem e a crenças espiritualistas, o que constitui sinal indubitável de certo grau de adiantamento anterior. Não se comporá exclusivamente de Espíritos eminentemente superiores, mas dos que, já tendo progredido, se acham predispostos a assimilar todas as ideias progressistas e aptos a secundar o movimento de regeneração (it. 28).

Sejam tais Espíritos melhores ou Espíritos antigos que se melhoraram pela mudança de suas disposições morais, pode-se observar em nosso orbe a plena transição, convidando-nos — enquanto pais, evangelizadores e educadores em geral igualmente em aprendizagem — a um novo olhar da infância e das estratégias de interação educativa, a fim de oportunizar-lhes espaços edificantes de aprendizagem e convivência que contribuirão para o seu desenvolvimento integral.

Reconhecendo a postura ativa do indivíduo em seu processo evolutivo, destaca-se a perspectiva educacional que promova a autonomia, por meio do exercício gradual, seguro e consciente do livre-arbítrio, favorecendo à criança a escolha de caminhos saudáveis direcionados ao êxito de sua jornada reencarnatória e, no campo da formação espírita, ao exercício da fé raciocinada e da vivência do Evangelho de Jesus nas ações cotidianas.

Alguns aspectos do desenvolvimento da criança merecem destaque por constituírem funções superiores e linguagens que representam o universo infantil e suas formas de interação social, alguns dos quais detalhamos a seguir:

Criatividade

A criatividade é a faculdade humana que trata, em especial, da habilidade de criar e inovar, construindo formas de ver, de se relacionar e de realizar ações diferentes das habituais. É caracterizada por originalidade de pensamento, capacidade de imaginação, autoconfiança, improvisação, flexibilidade, sensibilidade e curiosidade.

A infância é uma fase potencialmente criativa e, como capacidade inerente ao ser humano, a criatividade apresenta-se em diferentes graus de acordo com a vivência do Espírito e com as oportunidades educativas de estímulo.

A descoberta de novas formas de ação e pensamento ativa as estruturas mentais, ampliando a percepção de várias alternativas aos diferentes contextos e desafios, expandindo as possibilidades de ação. A criatividade relaciona-se, dessa forma, à capacidade de mudança e de flexibilidade, estimulando o processo de transformação de sentimentos e pensamentos e facilitando a descoberta de caminhos para o autoaprimoramento. O pensamento criativo desperta a vontade e impulsiona a ação inteligente da criança, possibilitando maior dinamismo nos processos de aprendizagem e desenvolvimento.

É salutar, portanto, que a criatividade das crianças seja estimulada nos contextos educativos, incluindo-se os de evangelização espírita, de modo a incentivar seu exercício em prol de ações coadunadas à prática do bem.

Afetividade

O afeto é elemento básico de vinculação da criança, desde o nascimento. Por meio dos vínculos afetivos, adquire-se a capacidade de relacionamento consigo mesmo, com o outro e com o meio social em que se está inserido, favorecendo os processos de aprendizagem e desenvolvimento.

Em se tratando da infância, fase em que o ciclo de sensações e percepções é altamente ativado, a forma significativa para a construção do conhecimento está intimamente ligada à interação com o outro e à qualidade afetiva das relações estabelecidas. Sendo assim, a criança aprende relacionando-se e vivenciando com o outro experiências lúdicas e afetivas, no conhecimento de si mesma e do próximo.

Sob a ótica da ação evangelizadora, tratar a criança com afeto é fazer acordar, em seu íntimo, o amor superior e sublime herdado de Deus, o que proporciona o despertar da afetividade latente e conduz o Espírito ao bem comum, a partir da sua felicidade e da do próximo.

O Espírito André Luiz, na obra *No mundo maior*, destaca o imenso poder existente no afeto e no amor, ao expor que: "[...] se o conhecimento auxilia por fora, só o amor socorre por dentro" (XAVIER, 2000, cap. IV).

Linguagens, imaginação e ludicidade

Compreender a criança é percebê-la como ser de múltiplas possibilidades e linguagens. Ser criança é descobrir o mundo e interagir com ele, compartilhando diferentes modos de ser, pensar, sentir, brincar, falar, descobrir, inventar, em um conjunto inimaginável de possibilidades criativas.

Para cada questão, a lógica infantil tem infinitas possibilidades de compreensão, mostrando-nos quão variáveis são as formas de pensar e agir da criança.

Inicialmente sincrético, o pensamento da criança estrutura-se gradualmente a cada nova ideia ou experiência, mobilizando recursos internos para a novidade e buscando soluções inteligentes para atribuir significados a objetos, relações, fenômenos e fatos. A organização das ideias, o levantamento de hipóteses e o exercício da criatividade favorecem o trânsito no mundo imaginativo e o retorno ao mundo real com alternativas de solução de problemas em pleno e gradual exercício da autonomia.

A brincadeira e a imaginação assumem relevante papel no cenário de tais aprendizagens, das interações sociais e no desenvolvimento das linguagens, que ultrapassa a concepção de oralidade e assume a amplitude das representações comunicacionais, emocionais, corporais e artísticas.

O brincar favorece, ainda, por meio das interações e explorações lúdicas, o desenvolvimento das linguagens, da imaginação, dos processos criativos, além da percepção de regras, do estímulo a escolhas e da consciência emocional. Por favorecer a expansão de ideias para além dos contextos situacionais reais, projetam-se no mundo imaginário contextos, enredos e soluções elaborados com base em suas aprendizagens, interesses e criatividade. O brincar e a capacidade de imaginar e de fazer de conta são aspectos marcantes da infância que auxiliam na construção e reconstrução de uma consciência da realidade, estimulando a descoberta de si mesmo e das possibilidades de relação com o outro e com o mundo. Nesse sentido, os jogos e as brincadeiras constituem atividades privilegiadas de organização e expressão da criança e, por essa razão, fundamentais no cenário do desenvolvimento e da aprendizagem infantil.

Com base nessa visão, é muito oportuno que, alicerçadas em boa base doutrinária, as atividades evangelizadoras sejam cercadas de propostas lúdicas, que levem em conta as diversas formas de linguagem — música, teatro, imitação, dança, desenhos, literatura, brincadeiras, histórias, contos, parábolas, jogos —, zelando pelos aspectos motivacionais e formativos promovidos nos encontros de evangelização.

Socialização e construção de habilidades sociais

O desenvolvimento e as aprendizagens se consolidam nas interações sociais. Como indivíduo em trânsito por diversos grupos e microssistemas sociais (familiar, escolar, comunidade etc.), a criança é convidada a conhecer e lidar com diferentes culturas, hábitos e formas de ver e conceber o mundo. O exercício gradativo da empatia favorece ao indivíduo ampliar suas percepções e reconhecer as singularidades e diversidades que constituem o meio social, representando um encontro de mundos e histórias que influenciarão mutuamente indivíduos e ambientes. Lidar com o próximo implica ampliar, gradativamente, o repertório de habilidades sociais no exercício permanente da compreensão, do respeito e da empatia sobre os quais se edificam as comunicações e relações interpessoais.

Dos micro aos macrossistemas, a ampliação de tal percepção impacta a consciência cidadã e a corresponsabilidade social, favorecendo ao indivíduo perceber-se como cidadão do universo, agente de transformação, e convidando-o a refletir sobre liberdades e limites, ações e reações, e a assumir posturas coadunadas aos seus princípios e ideais.

No campo da aprendizagem infantil, tais habilidades encontram-se em pleno desenvolvimento desde a mais tenra idade, potencializados em ambientes em que o diálogo, as interações, as trocas e o respeito mútuo são incentivados. A ampliação da percepção de si para a percepção do outro, a compreensão de que um amigo pode ter gostos iguais ou diferentes dos seus, a necessidade de compartilhar pertences, o desejo da convivência com seus pares, o desenvolvimento da autoexpressão e da linguagem, o esforço de aguardar a sua vez nas atividades, dentre outras múltiplas habilidades em exercício, convida-nos, educadores e familiares, a favorecer espaços saudáveis de interação, referenciados pela vivência de valores condizentes com a construção da paz e da promoção do bem.

Formas de interação pautadas no respeito pleno e incondicional ao próximo, alinhadas aos ensinamentos do Evangelho de Jesus e, muito especialmente, à sua regra áurea de convivência social — "fazer ao outro o que gostaria que o outro vos fizesse" — estimulam-nos ao exercício e à atenção permanente, zelando pela construção de laços de fraternidade legítima. Do exercício da empatia, do colocar-se no lugar do outro, surge a conduta da solidariedade, da humildade e da caridade, habilidades sociais e morais que representam o princípio, a finalidade e o meio da ação evangelizadora.

Como mediadores e organizadores de espaços educativos, criativos e acolhedores, os evangelizadores e familiares devem primar por modalidades de interação cooperativas que favoreçam o exercício da autonomia moral da criança, da fé raciocinada e do uso consciente do livre-arbítrio, ferramentas que contribuirão para o êxito reencarnatório das crianças que conosco trilham os caminhos da evangelização.

Protagonismo infantil

Reconhecer a criança como ser espiritual que tem suas formas próprias de ser, expressar, conhecer e se comunicar exige que a reconheçamos igualmente como pessoa que tem direitos, capacidades e valores próprios, participante ativa na ação educativa e no desenvolvimento pessoal e social.

A criança traz múltiplos conhecimentos e experiências oriundos de vidas pretéritas, além de se constituir num determinado contexto histórico, social e espiritual, evidenciando a singularidade e a diversidade de formas de representar o mundo e simbolizá-lo.

Considerar a participação da criança, validando o protagonismo infantil, não implica apenas legitimar suas necessidades e seus interesses, mas importa, sobretudo, considerar suas opiniões, seus pensamentos, seus sentimentos e suas atitudes em processo de construção conjunta das atividades evangelizadoras. Tais ações devem fundamentar-se numa prática educativa que dá vez e voz às crianças, que se baseia em seus contextos de vida, em suas experiências subjetivas, bem como em seus interesses e necessidades.

Costa (2000), ao desenvolver o tema "protagonismo" junto ao público jovem, reconhece-o como via pedagógica essencial, como caminho inovador no preparo das novas gerações. Concebe o protagonismo como modalidade de ação educativa, enquanto criação de espaços e condições capazes de possibilitar aos jovens envolverem-se em atividades direcionadas à solução de problemas reais, atuando como fonte de iniciativa, liberdade e compromisso. Segundo ele, "participar, para o adolescente, é influir, através de palavras e atos, nos acontecimentos que afetam a sua vida e a vida de todos aqueles em relação aos quais ele assumiu uma atitude de não indiferença, uma atitude de valoração positiva".

O autor ainda conclui que

> [...] o protagonismo preconiza um tipo de relação pedagógica que tem a solidariedade entre gerações como base, a colaboração educador-educando como meio e a autonomia do jovem como fim. O protagonismo juvenil, embora tenha seu eixo na educação para a cidadania, concorre também para a formação integral do adolescente, uma vez que as práticas e vivências exercem influência construtiva sobre o jovem e em toda a sua inteireza (COSTA, 2000).

Transpondo para a realidade infantil, considerar o protagonismo da criança implica também considerar suas características, seus interesses e desejos de transformação de contextos sociais reais, fatos não raramente manifestados nos dias atuais. Implica o estímulo à consciência e prática da cidadania, concebida sob uma perspectiva planetária, valorizando iniciativas e acompanhando, de forma presencial e orientadora, ações no bem.

É oportuno, então, que a evangelização se constitua como ambiente dialógico, de confiança, em que ideias possam ser expressas, decisões possam ser adotadas, configurando-se como espaço de escuta e respeito às diferenças, estimulando a participação protagonista da criança, que ultrapassa a postura de simples expectadora para a de agente de seu próprio futuro.

CAPÍTULO 2

A AÇÃO EVANGELIZADORA ESPÍRITA

> *Cada menino e moço no mundo é um plano da Sabedoria divina para serviço à humanidade [...].*
> EMMANUEL (2010)

2.1 Definição, finalidades e objetivos

> *Evangelizemos, com Jesus, para alcançarmos os valores indeformáveis da educação integral sob os auspícios do Mestre por excelência.*
> ESTÊVÃO (1977)

A ação evangelizadora espírita da infância e da juventude representa toda a ação voltada para o estudo, a prática e a difusão da Doutrina Espírita junto à criança e ao jovem.

Reconhecendo Jesus como o guia e modelo oferecido por Deus à humanidade (KARDEC, 2003, q. 625), identifica-se em seu mandamento maior a finalidade de toda a ação evangelizadora:

> Amarás o Senhor teu Deus de todo o teu coração, de toda a tua alma e de todo o teu espírito; este o maior e o primeiro mandamento. E aqui tendes o segundo, semelhante a esse: Amarás o teu próximo, como a ti mesmo. Toda a lei e os profetas se acham contidos nesses dois mandamentos (JESUS – *Mateus*, 22:36 a 40).

Abordando as questões relativas à perfeição moral e ao papel educativo do Espiritismo, Allan Kardec (2003, Terceira parte, cap. XII) apresenta relevantes comentários sobre a questão 917, estreitamente relacionada à prática evangelizadora junto às crianças e jovens:

Louváveis esforços indubitavelmente se empregam para fazer que a humanidade progrida. Os bons sentimentos são animados, estimulados e honrados mais do que em qualquer outra época. Entretanto, o egoísmo, verme roedor, continua a ser a chaga social. É um mal real, que se alastra por todo o mundo e do qual cada homem é mais ou menos vítima. Cumpre, pois, combatê-lo, como se combate uma enfermidade epidêmica. Para isso, deve-se proceder como procedem os médicos: ir à origem do mal. [...] Poderá ser longa a cura, porque numerosas são as causas, mas não é impossível. Contudo, ela só se obterá se o mal for atacado em sua raiz, isto é, *pela educação, não por essa educação que tende a fazer homens instruídos, mas pela que tende a fazer homens de bem.* A educação, convenientemente entendida, constitui a chave do progresso moral. Quando se conhecer a arte de manejar os caracteres, como se conhece a de manejar as inteligências, conseguir-se-á corrigi-los, do mesmo modo que se aprumam plantas novas. [...] Faça-se com o moral o que se faz com a inteligência e ver-se-á que, se há naturezas refratárias, muito maior do que se julga é o número das que apenas reclamam boa cultura, para produzir bons frutos (grifo nosso).

Nesse sentido, considera-se que a ação evangelizadora espírita tem como objetivo primordial a formação de homens de bem, em conformidade com o mandamento maior de Jesus e com os caracteres descritos em *O evangelho segundo o espiritismo,* cap. XVII, it. 3. Para o alcance dos resultados almejados, os esforços voltam-se para a promoção da integração da criança e do jovem com Deus, com o próximo e consigo mesmos por meio do estudo e da vivência da Doutrina Espírita, o Cristianismo Redivivo.

As atividades de evangelização espírita têm como objetivo:

» Proporcionar o estudo e a vivência da Doutrina Espírita, em seu tríplice aspecto, e dos ensinos morais do Evangelho de Jesus, visando ao aprimoramento moral e à formação de pessoas de bem;

» Promover e estimular a integração da criança e do jovem "consigo mesmo, com o próximo e com Deus",[6] bem como no conjunto de atividades dos Centros Espíritas e do Movimento Espírita;

---
6 FEB/CFN. *Orientação ao Centro Espírita.* Rio de Janeiro: FEB, 2007, cap. 6, it. 3, objetivos "a" e "d", p. 66-67.

» Oferecer à criança e ao jovem a "oportunidade de perceber-se como ser integral, crítico, consciente, participativo, herdeiro de si mesmo, cidadão do universo, agente de transformação de seu meio, rumo a toda perfeição de que é suscetível".[7]

Com tal enfoque, observa-se o desenvolvimento da atividade de evangelização espírita nas Instituições Espíritas, identificando-a como ação que contribui para o êxito da missão espiritual do país. Conforme nos informa Joanna de Ângelis:

> Graças ao trabalho preparatório que se vem realizando, há anos, junto à criança e ao jovem, é que encontramos uma floração abençoada de trabalhadores, na atualidade, que tiveram o seu início sadio e equilibrado nas aulas de evangelização espírita, quando dos seus dias primeiros na Terra... Este ministério de preparação do homem do amanhã facultará ao Brasil tornar-se realmente "O coração do mundo e a Pátria do Evangelho", conforme a feliz ideação do Espírito Humberto de Campos, por intermédio de Francisco Cândido Xavier, traduzindo o programa do Mundo maior em referência à nação brasileira (DUSI, 2015).

No que tange especificamente à evangelização da infância, destaca-se o conjunto de ações criativas que visam aproximar as crianças da mensagem de Jesus à luz do Espiritismo, considerando-se as peculiaridades relacionadas às diferentes faixas etárias, núcleos de interesses, estratégias comunicacionais, formas de interação, dentre outros aspectos que influenciam diretamente a eficácia da ação evangelizadora.

O olhar atento dos evangelizadores aos processos de desenvolvimento e aprendizagem das crianças, reconhecendo-as como Espíritos imortais ativos no caminho do autoaperfeiçoamento, favorecerá a escolha de estratégias metodológicas adequadas e atrativas que promoverão a construção de espaços educativos prazerosos de crescimento e convivência, aprendizado e vivência cristã.

Conforme sintetiza o Espírito Amélia Rodrigues:

> Evangelizar uma criança é como honrar o mundo com a grandeza de deveres maiores, adornando o futuro de gemas valiosas. Quando você ensina, transmite. Quando você educa, disciplina. Mas quando você evangeliza, salva. Instruído, o homem conhece;

---

[7] FEB. *Currículo para as escolas de evangelização espírita infantojuvenil*. Rio de Janeiro: FEB, 2007.

educado, vence; evangelizado, serve sem cansaço, redimindo-se (FRANCO, 1979).

Breves considerações sobre evangelizar e educar

Para fins de compreensão do presente documento, faz-se necessário o adequado entendimento dos termos "evangelizar" e "educar", muitas vezes utilizados sob perspectivas opostas, distintas ou mesmo antagônicas. A perspectiva desenvolvida no presente documento age sob a ótica da consonância, visto que toda a evangelização é um ato educativo e que a educação, baseada nos princípios cristãos, é um ato evangelizador.

Concebendo-se evangelização espírita infantojuvenil como toda a ação voltada para o estudo, a prática e a difusão da mensagem espírita junto à criança e ao jovem, identifica-se que o termo "evangelização" inspira a transformação moral do homem e do mundo por meio dos ensinamentos de Jesus. Por ser evangelização espírita, toda a ação perpassa os ensinamentos contidos nas obras codificadas por Allan Kardec, considerando seu tríplice aspecto: ciência, filosofia e religião. Nesse sentido, a dimensão moral é ampliada na perspectiva da crença em Deus, da construção da fé balizada na razão, na conduta fundamentada no bem, na consciência da sua imortalidade e no real entendimento de sua origem, seu destino e sua razão de existência.

Para além de uma transmissão de conhecimentos, a tarefa de evangelização espírita objetiva a ressonância dos ensinamentos espíritas nas mentes, nos corações e nas mãos das crianças e dos jovens, fortalecendo-os para o percurso reencarnatório. Por objetivar a *formação de hábitos* coadunados à mensagem cristã à luz da Doutrina Espírita, constitui uma ação educativa, atendendo à definição dada por Kardec no comentário sobre a questão 685a de *O livro dos espíritos*, ao afirmar que "a educação é o conjunto dos hábitos adquiridos".

A finalidade educativa do Espiritismo perpassa o conhecimento, o sentimento e a ação (pensar, sentir e agir) com vistas ao exercício pleno do Amor, maior ensinamento de Jesus, síntese de todo o objetivo evolutivo.

> Nesse sentido, observa-se que a ação evangelizadora constitui um conjunto de ações formativas em seu sentido pleno, pois visa ao aprimoramento integral do indivíduo e à transformação social. A ação educativa também.
>
> Com base nas considerações referidas, compreender-se-á, para os fins do presente documento, *ação evangelizadora espírita* como *ação educativa* pautada nos princípios espíritas, sem ater-se aos seus aspectos etimológicos, mas à natureza e às finalidades da tarefa desenvolvida junto à criança e ao jovem no Movimento Espírita Brasileiro.

2.2 Eixos estruturantes da tarefa: conhecimento doutrinário, aprimoramento moral e transformação social

> *[...] a educação espírita, de profundidade, portanto, não se limita à contribuição de recursos intelectuais, artísticos e convencionais, senão, à equação dos desafios evolutivos, preparando o indivíduo para tentames sempre mais elevados e grandiosos.*
> BENEDITA FERNANDES (1993)

Consonantes e alinhados aos objetivos da evangelização espírita, os eixos estruturantes representam pilares filosóficos que perpassam todas as ações desenvolvidas em seu campo de atuação. Três eixos estruturantes são identificados e enfatizados visando ao alcance pleno dos objetivos da tarefa:

» Conhecimento doutrinário (fé raciocinada);

» Aprimoramento moral (vivência do amor);

» Transformação social (trabalho no bem).

Tais eixos representam pilares integrados sobre os quais se estrutura a ação evangelizadora, garantindo-lhe sentido e favorecendo a efetiva integração do indivíduo consigo mesmo, com o próximo e com Deus.

Alinhado a tal perspectiva, o tripé cabeça-coração-mãos representa as três dimensões humanas consideradas no legado filosófico-educacional de Johann Heinrich Pestalozzi, mestre do Codificador da Doutrina Espírita, Hippolyte Léon Denizard Rivail, cuja ação educativa se pautava no sentido da aprendizagem para a promoção da autonomia do ser.

No campo da ação evangelizadora espírita, destacamos relevante mensagem de Francisco Thiesen (DUSI, 2015), ao afirmar que "[...] o melhor método de construir o futuro é dignificar o presente e equipá-lo com valiosos instrumentos de conhecimento, amor e trabalho direcionados para as criaturas do amanhã".

Nesse sentido, pode-se identificar estreita consonância das dimensões humanas (pensar, sentir e agir) com os eixos estruturantes da ação evangelizadora junto às crianças e aos jovens (conhecimento doutrinário, aprimoramento moral e transformação social), ressaltando-se seu valor integrativo.

CONHECIMENTO	AMOR	TRABALHO
CABEÇA	CORAÇÃO	MÃOS
PENSAR	SENTIR	AGIR
INFORMAR-SE	APRIMORAR-SE	TRANSFORMAR
CONHECIMENTO DOUTRINÁRIO	APRIMORAMENTO MORAL	TRANSFORMAÇÃO SOCIAL

Sob tal fundamentação, compreende-se que a ação evangelizadora se efetiva quando, respaldado pelos conhecimentos doutrinários, o indivíduo prossegue em sua reforma íntima e imprime, em seu contexto sociocultural, atitudes resultantes do processo. O desenvolvimento não se restringe, dessa maneira, à formação intelectual, mas integra-se à formação moral e legitima-se na atitude social.

Nessa perspectiva, apresentamos, a seguir, algumas fundamentações doutrinárias que respaldam e apontam não apenas a transversalidade dos eixos nos diferentes focos e espaços de atuação, mas igualmente a inerente interação entre eles, formando significativo tripé sustentador de todas as ações evangelizadoras implementadas e que virão a ser desenvolvidas (grifo nosso).

Conhecimento doutrinário (fé raciocinada):

— Conhecereis *a verdade e ela vos libertará* (JESUS – *João*, 8:32).

— *Ninguém acende uma candeia para pô-la debaixo do alqueire; põe-na, ao contrário, sob o candeeiro, a fim de que* ilumine *a todos os que estão na casa* (JESUS – *Mateus*, 5:15).

— *[...] que vosso amor cresça cada vez mais no pleno* conhecimento e em todo o discernimento (PAULO – *Filipenses*, 1:19).

— *Espíritas! amai-vos, este o primeiro ensinamento;* instruí-vos, *este o segundo* (O ESPÍRITO DE VERDADE – KARDEC, 2004).

— *Os espíritos anunciam que chegaram os tempos marcados pela Providência para uma manifestação universal e que, sendo eles os ministros de Deus e os agentes de sua vontade, têm por missão* instruir e esclarecer *os homens, abrindo uma nova era para a regeneração da humanidade* (KARDEC, 2003, Prolegômenos).

— *À medida que os homens se* instruem *acerca das coisas espirituais, menos valor dão às coisas materiais. Depois, necessário é que se reformem as instituições humanas que o [egoísmo] entretêm e excitam. Disso depende a educação* (KARDEC, 2003, resposta à q. 914).

— *Assim, o Espiritismo realiza o que Jesus disse do Consolador Prometido:* conhecimento *das coisas, fazendo que o homem saiba donde vem, para onde vai e por que está na Terra; atrai para os verdadeiros princípios da lei de Deus e consola pela fé e pela esperança* (KARDEC, 2004, cap. VI, it. 4).

— *Fé inabalável só o é a que pode encarar frente a frente a razão, em todas as épocas da humanidade.* (KARDEC, 2004, cap. XIX, it. 7).

— *Somente o Espiritismo, bem entendido e bem* compreendido, *pode [...] tornar-se, conforme disseram os Espíritos, a grande alavanca da transformação da humanidade.* (KARDEC, 2005b, Projeto 1868).

— *O Espiritismo é uma* ciência *que trata da natureza, origem e destino dos Espíritos, bem como de suas relações com o mundo corporal* (KARDEC, 2006, Preâmbulo).

— Instruamo-nos, pois, para conhecer. *Eduquemo-nos para discernir. Cultura intelectual e aprimoramento moral são imperativos da vida, possibilitando-nos a manifestação do amor, no império da sublimação que nos aproxima de Deus* (EMMANUEL – XAVIER, 2006).

Aprimoramento moral (vivência do amor):

— *Porque onde está teu tesouro, aí estará também o teu coração* (JESUS – Mateus, 6:21).

— *Qual o meio prático mais eficaz que tem o homem de se melhorar nesta vida e de resistir à atração do mal? Um sábio da antiguidade vo-lo disse: Conhece-te a ti mesmo* (KARDEC, 2003 q. 919).

— *Há um elemento que se não costuma fazer pesar na balança e sem o qual a ciência econômica não passa de simples teoria. Esse elemento é a educação, não a educação intelectual, mas a educação moral. Não nos referimos, porém, à educação moral pelos livros e sim à que consiste na arte de formar os caracteres, à que incute hábitos, porquanto a educação é o conjunto dos hábitos adquiridos* (KARDEC, 2003, comentário sobre a questão 685a).

— *Encontraram na crença espírita a força para vencer as más inclinações desde muito tempo arraigadas, de romper com velhos hábitos, de calar ressentimentos e inimizades, de tornar menores as distâncias sociais. [...] Assim, pela força das coisas, o Espiritismo terá por consequência inevitável a melhoria moral* (KARDEC, 2011).

— *Não basta desenvolver as inteligências, é necessário formar caracteres, fortalecer as almas e as consciências. Os conhecimentos devem ser completados por noções que esclareçam o futuro e indiquem o destino do ser. Para renovar uma sociedade, são necessários homens novos e melhores* (LÉON DENIS – DUSI, 2015).

— *Seja Allan Kardec, não apenas crido ou sentido, apregoado ou manifestado, a nossa bandeira, mas suficientemente vivido, sofrido, chorado e realizado em nossas próprias vidas* (BEZERRA DE MENEZES – FEB, 1975).

— A humanidade precisa ser reformada. Do interior do homem velho cumpre tirar o homem novo, *a nova mentalidade cujo objetivo será desenvolver o amor na razão direta do combate às multiformes modalidades em que o egoísmo se desdobra. A renovação do caráter depende da renovação dos métodos e processos educativos* (VINÍCIUS – DUSI, 2015).

Transformação social (trabalho no bem):

— *Vós sois o sal da terra* (JESUS – *Mateus*, 5:13).

— *Vós sois a luz do mundo* (JESUS – *Mateus*, 5:14).

— *Assim brilhe também a vossa luz diante dos homens* (JESUS – *Mateus*, 5:16).

— *Todos vós, homens de fé e de boa vontade, trabalhai, portanto, com ânimo e zelo, na grande obra de regeneração, que colhereis pelo cêntuplo o grão que houverdes semeado* (KARDEC, 2003, q. 1.019).

— *Por sua poderosa revelação, o Espiritismo vem, pois, apressar a reforma social* (KARDEC, 2011).

— *[...] esta [melhoria moral] conduzirá à prática da caridade, e da caridade nascerá o sentimento de fraternidade. Quando os homens estiverem imbuídos dessas ideias, a elas conformarão suas instituições, e será assim que realizarão, naturalmente e sem abalos, todas as reformas desejáveis. É a base sobre a qual assentarão o edifício do futuro. Essa transformação é inevitável, porque está conforme a lei do progresso [...]* (KARDEC, 2011).

— *Para uma sociedade nova é necessário homens novos. Por isso, a educação desde a infância é de importância capital* (LÉON DENIS – DUSI, 2015).

— *Há necessidade de iniciar-se o esforço de regeneração em cada indivíduo, dentro do Evangelho, com a tarefa nem sempre amena da autoeducação. Evangelizado o indivíduo, evangeliza-se a família; regenerada esta, a sociedade estará a caminho de sua purificação, reabilitando-se simultaneamente a vida do mundo* (EMMANUEL – XAVIER, 2009).

— *Eduque-se o homem e teremos uma* Terra *verdadeiramente transformada e feliz!* (GUILLON RIBEIRO – DUSI, 2015).

— *Todo o empenho e todo o sacrifício na educação espírita das multidões de entidades que ora se reencarnam, no planeta terrestre, deve ser oferecido como recurso de construção definitiva em favor do* mundo novo, *preparando, desde hoje, os alicerces de amor e de sabedoria para que seja instalado rapidamente o reino de Deus nos corações humanos. Surjam ou não impedimentos, enfrentem-se ou não batalhas contínuas, a glória de quem serve é prosseguir sempre, e a daquele que educa é dignificar* (VIANNA DE CARVALHO – DUSI, 2015).

— Como se assevera, com reservas, que o homem é fruto do meio onde vive, convém se não esquecer de que o homem é o elemento formador do meio, *competindo-lhe modificar as estruturas do ambiente em que vive e elaborar fatores atraentes e favoráveis onde se encontre colocado a viver* (JOANNA DE ÂNGELIS – FRANCO, 1994a).

Mediante os eixos apresentados, reconhece-se a importância da visão formativa das ações espíritas, uma vez que, inspirando-se em Emmanuel (XAVIER, 2009): "Toda a tarefa, no momento, é formar o espírito genuinamente cristão; terminado esse trabalho, os homens terão atingido o dia luminoso da paz universal e da concórdia de todos os corações".

No que tange à ação evangelizadora junto à infância e à juventude, a mensagem de Bezerra de Menezes (1982) ratifica a visão formativa da tarefa, contextualizando-a:

> Sem dúvida alguma, a expansão do Movimento Espírita no Brasil, em número e em qualidade, está assentada na participação da criança e do jovem, naturais continuadores da causa e do ideal. Entendemos que somente assim a evangelização espírita infantojuvenil estará atingindo seu abençoado desiderato, não apenas pela expansão do Espiritismo no Brasil, mas, sobretudo, contribuindo para a *formação do homem evangelizado* que há de penetrar a alvorada de um novo milênio de alma liberta e coração devotado à construção de sua própria felicidade (DUSI, 2015).

O esquema a seguir sintetiza a ação evangelizadora espírita infantojuvenil:

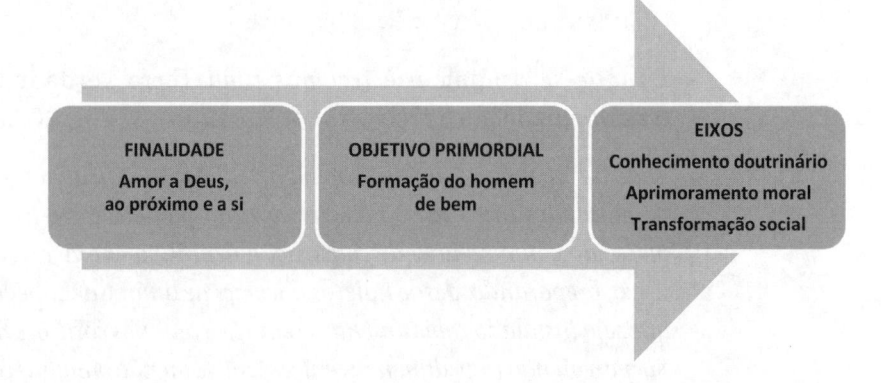

FINALIDADE
Amor a Deus, ao próximo e a si

OBJETIVO PRIMORDIAL
Formação do homem de bem

EIXOS
Conhecimento doutrinário
Aprimoramento moral
Transformação social

2.3 O papel da família

> *Conquanto seja o lar a escola por excelência, [...] (os pais) jamais deverão descuidar-se de aproximá-los dos serviços da evangelização, em cujas abençoadas atividades se propiciará a formação espiritual da criança e do jovem diante do porvir.*
> BEZERRA DE MENEZES (DUSI, 2015)

A família constitui relevante célula da sociedade, lócus privilegiado das primeiras aprendizagens dos espíritos reencarnados, com relevante função socializadora e de amadurecimento espiritual.

Os vínculos intrafamiliares, para além das relações consanguíneas, de descendência e afinidade, representam eixos de referência emocional e social para as crianças e jovens, preparando-os e fortalecendo-os para os desafios reencarnatórios assumidos.

Nessa perspectiva, Joanna de Ângelis afirma que:

> A família, sem qualquer dúvida, é bastião seguro para a criatura resguardar-se das agressões do mundo exterior, adquirindo os valiosos e indispensáveis recursos do amadurecimento psicológico, do conhecimento, da experiência para uma jornada feliz na sociedade. [...] a família é o alicerce sobre o qual a sociedade se edifica, sendo o primeiro educandário do espírito, onde são aprimoradas as faculdades que desatam os recursos que lhe dormem latentes.
>
> A família é a escola de bênçãos onde se aprendem os deveres fundamentais para uma vida feliz e sem cujo apoio fenecem os ideais, desfalecem as aspirações, emurchecem as resistências morais. O ser humano é estruturalmente constituído para viver em família, a fim de desenvolver os sublimes conteúdos psíquicos que lhe jazem adormecidos, aguardando os estímulos da convivência no lar, para liberá-los e sublimar-se (FRANCO, 2012).

Ressalta-se que a sociedade contemporânea vem apresentando mudanças e transformações na organização da família, revelando-se sob a forma de diferentes arranjos e configurações familiares, marcados por singulares histórias, valores, modos de comunicação e expressão das emoções e pensamentos. Sob tal realidade, a ênfase na qualidade das relações deve sempre preponderar sobre a estrutura que se apresenta.

Essas considerações encontram eco em pesquisas (IBOPE, 2006; NOVAES e MELLO, 2002) realizadas com jovens brasileiros, nas quais a família tem merecido especial destaque uma vez que os pais são indicados por eles como tendo alto grau de influência na construção de seus valores. O apoio e a boa relação com a família são considerados como importantes fatores para a vida do jovem e, na escolha da religião, prepondera a influência da família, seguida pela influência dos amigos.

Reconhece-se, dessa forma, que a família assume relevante função no processo evolutivo das crianças e dos jovens. A maternidade e a paternidade constituem verdadeiras missões, visto que "Deus colocou o filho sob a tutela dos pais, a fim de que estes o dirijam pela senda do bem" (KARDEC, 2003, q. 582). Os pais e familiares representam, nesse sentido, evangelizadores por excelência, assumindo séria tarefa educativa junto às crianças e aos jovens que compõem seu núcleo familiar:

> [...] inteirai-vos dos vossos deveres e ponde todo o vosso amor em aproximar de Deus essa alma; tal a missão que vos está confiada e cuja recompensa recebereis, se fielmente a cumprirdes. Os vossos cuidados e a educação que lhe dareis auxiliarão o seu aperfeiçoamento e o seu bem-estar futuro. Lembrai-vos de que a cada pai e a cada mãe perguntará Deus: "Que fizestes do filho confiado à vossa guarda?" (KARDEC, 2004, cap. XIV, it. 9).

Tendo em vista a relevante orientação de Santo Agostinho, os núcleos familiares devem promover um ambiente doméstico educativo, afetuoso, coerente e evangelizador, de modo a favorecer o desenvolvimento moral e espiritual dos filhos e a orientá-los para os caminhos do bem.

O vínculo com a Instituição Espírita, por meio da evangelização e dos grupos e reuniões de família, caracteriza-se como oportunidade de fortalecimento e consolidação do processo de educação moral e espiritual vivenciado no espaço familiar. Nesse sentido, a realização do Evangelho no lar e as atividades oferecidas pela Instituição Espírita representam especiais e imprescindíveis momentos de estudo, convivência e aprendizagem em família.

> Evangelizemos nossos lares, meus filhos, doando à nossa família a bênção de hospedarmos o Cristo de Deus em nossas casas. A oração em conjunto torna o lar um santuário de amor onde os Espíritos mais

nobres procuram auxiliar mais e mais, dobrando os talentos de luz que ali são depositados (Bezerra de Menezes – DUSI, 2015).

Portanto, "que os pais enviem seus filhos às escolas de evangelização, interessando-se pelo aprendizado evangélico da prole, indagando, dialogando, motivando, acompanhando..." (Guillon Ribeiro – DUSI, 2015).

2.4 O papel e o perfil do evangelizador

> *É bom que se diga, o evangelizador consciente de si mesmo jamais se julga pronto, acabado, sem mais o que aprender, refazer, conhecer... Ao contrário, avança com o tempo, vê sempre degraus acima a serem galgados, na infinita escala da experiência e do conhecimento.*
> (Guillon Ribeiro – DUSI, 2015)

Considerando sua essência educacional, "o Espiritismo dilata o pensamento e lhe rasga horizontes novos. [...] mostra que essa vida não passa de um elo no harmonioso e magnífico conjunto da obra do Criador" (KARDEC, 2004, cap. II, it. 7).

Ao favorecer a ampliação da consciência acerca da vida, a Doutrina Espírita encontra ressonância nos corações das crianças e dos jovens, auxiliando-os na busca de respostas e orientações.

Bezerra de Menezes (1989)[8] convoca-nos a colaborar com esse importante processo, ao dizer:

> Espíritas, que ouvistes a palavra da Revelação: a vós vos cabe levar por toda parte as notícias do reino de Deus, expandindo-as por todos os rincões da Terra. Não mais amanhã ou posteriormente. Agora tendes o compromisso de acender, na escuridão que domina o Mundo, as estrelas luminíferas do Evangelho de Jesus.

O evangelizador assume relevante papel na aproximação da mensagem espírita às mentes, aos corações e às mãos das crianças e dos jovens, estimulando-os a pensar, sentir e agir em sintonia com os princípios cristãos na senda do progresso individual e coletivo.

---

8 Mensagem de Bezerra de Menezes, recebida psicofonicamente por Divaldo Franco no encerramento do Congresso Internacional de Espiritismo, realizado em Brasília, em outubro de 1989.

Sua ação deve ser pautada nos princípios da fraternidade, da amorosidade e da coerência doutrinária, contextualizando os ensinamentos à realidade e à vivência das crianças e dos jovens. Sensibilidade, coerência, empatia, amizade, responsabilidade, conhecimento, alegria e zelo são algumas das características dos evangelizadores que buscam a construção de espaços interativos de aprendizado e de confraternização junto à infância e à juventude.

Muito além de um "transmissor de conhecimento", o evangelizador atua como mediador entre a Doutrina Espírita e o evangelizando, e como organizador dos espaços de aprendizagem e interações, potencializando os diálogos, os debates e as vivências que favoreçam o processo mútuo de transformação moral rumo à formação do *homem de bem*, compreendido em sua vivência genuinamente cristã.

Para tanto, o evangelizador deve valer-se de adequada e contínua preparação doutrinária e pedagógica, para que "não se estiolem sementes promissoras ante o solo propício, pela inadequação de métodos e técnicas de ensino, pela insipiência de conteúdos, pela ineficácia de um planejamento inoportuno e inadequado. Todo trabalho rende mais em mãos realmente habilitadas" (GUILLON RIBEIRO – DUSI, 2005).

Amélia Rodrigues (FRANCO, 1979) orienta-nos, ainda, quanto ao papel educativo das ações e condutas mediante as possibilidades individuais, ao afirmar que "todos somos educadores. Educamos pelo que fazemos, educamos com o que dizemos", alertando-nos para o fato de que "o primeiro passo de quem ensina deve ser dado no sentido de educar-se".

Sob tal perspectiva, reconhece-se que o evangelizador é um Espírito imortal, igualmente em aprendizagem e desenvolvimento, que, ao abraçar a tarefa da evangelização, compromete-se com o exercício contínuo do autoaprimoramento e da coerência entre o ensino e a prática do Evangelho de Jesus. Conforme nos apresenta Emmanuel:

> Quando Jesus penetra o coração de um homem, converte-o em testemunho vivo do bem e manda-o a evangelizar os seus irmãos com a própria vida e, quando um homem alcança Jesus, não se detém, pura e simplesmente, na estação das palavras brilhantes, mas vive de acordo com o Mestre, exemplificando o trabalho e o amor que iluminam a vida, a fim de que a glória da cruz se não faça vã (XAVIER, 2010a).

A despeito das imperfeições inerentes ao processo evolutivo em que todos se encontram, a tarefa de evangelização convida o evangelizador à exemplificação e enseja humildade perante as aprendizagens, coragem perante os desafios, fraternidade perante as interações, alegria perante as conquistas e gratidão perante as oportunidades de crescimento conjunto.

Algumas características podem ser cultivadas, continuamente, pelos evangelizadores de infância a fim de que possam desenvolver, com segurança, a nobre tarefa abraçada:

» Conhecimento da Doutrina Espírita;

» Conhecimento e identificação com os objetivos da tarefa;

» Exercício do olhar, escuta e fala sensível;

» Empatia e integração com a criança, conhecendo suas características, potencialidades, necessidades e interesses, de acordo com sua individualidade, a fase de desenvolvimento e o contexto histórico-cultural do grupo;

» Reconhecimento e valorização do papel ativo da criança no seu processo de desenvolvimento, aprendizagem e evolução espiritual;

» Comprometimento com o processo formativo e de aprimoramento moral dos evangelizandos, na perspectiva da promoção do conhecimento doutrinário (pensar), da reforma íntima (sentir) e da transformação social (agir);

» Sensibilidade na construção das relações interpessoais e na formação dos vínculos de confiança, amizade e fraternidade;

» Busca do contínuo aperfeiçoamento comunicacional e didático, identificando estratégias, metodologias e atividades dinamizadoras, criativas e adequadas ao público infantil;

» Abertura para o diálogo, mediação e comunicação com a criança e familiares, dentro e fora do Centro Espírita;

» Busca do autoconhecimento e autoaprimoramento;

» Liderança, habilidade e disposição para o trabalho em equipe.

Nesse contexto, a formação inicial e continuada de evangelizadores mostra-se fundamental e deve primar pela fidelidade doutrinária, pelo zelo relacional, pela qualidade pedagógica e pela organização da tarefa, indispensáveis à prática evangelizadora, de modo a proporcionar a conscientização acerca da responsabilidade dos trabalhadores da evangelização e a segurança necessária à adequada condução da tarefa assumida.

2.5 O papel do dirigente da Instituição Espírita

> *Unamo-nos, que a tarefa é de todos nós.*
> *Somente a união nos proporciona forças para o cumprimento de nossos serviços, trazendo a fraternidade por lema e a humildade por garantia do êxito.*
> BEZERRA DE MENEZES (DUSI, 2015)

A evangelização espírita da criança e do jovem, como área integrada à organização do Centro Espírita, necessita do apoio dos dirigentes e da equipe gestora da Instituição, visando ao adequado desenvolvimento de suas ações.

Espíritos como Bezerra de Menezes, Guillon Ribeiro e Francisco Thiesen, ao abordarem a relevância da evangelização espírita da criança e do jovem, destacam o necessário envolvimento das Instituições Espíritas, cujos trechos de mensagens e orientações são apresentados a seguir:

> Tem sido enfatizado, quanto possível, que a tarefa da evangelização espírita infantojuvenil é do mais alto significado dentre as atividades desenvolvidas pelas Instituições Espíritas, na sua ampla e valiosa programação de apoio à obra educativa do homem. Não fosse a evangelização, o Espiritismo, distante de sua feição evangélica, perderia sua missão de Consolador [...] (BEZERRA DE MENEZES – DUSI, 2015).

> Que dirigentes e diretores, colaboradores, diretos e indiretos, prestigiem sempre mais o atendimento a crianças e jovens nos agrupamentos espíritas, seja adequando-lhes a ambiência para tal mister, adaptando ou, ainda, improvisando meios, de tal sorte que a evangelização se efetue, se desenvolva, cresça, ilumine (GUILLON RIBEIRO – DUSI, 2015).

> Ao dirigente espírita cabe a tarefa de propiciar aos evangelizadores todo o apoio necessário ao bom êxito do empreendimento espiritual. Não apenas a contribuição moral de que necessitam, mas

também as condições físicas do ambiente, o entusiasmo doutrinário atraindo os pais, as crianças e os jovens, facilitando o intercâmbio entre todos os participantes e, por sua vez, envolvendo-se no trabalho que é de todos nós, desencarnados e encarnados (FRANCISCO THIESEN – DUSI, 2015).

Nesse sentido, a sensibilização, a presença e o apoio dos dirigentes para a organização dos espaços de ação com a criança no Centro Espírita garantirão a sua realização em ambiente de apoio mútuo, favorecendo-lhes não apenas a oportunidade do estudo e a prática do Espiritismo, mas, igualmente, as orientações seguras de companheiros mais experientes.

2.6 A importância da qualidade da tarefa: qualidade doutrinária, qualidade relacional, qualidade pedagógica e qualidade organizacional

O solo frutifica sempre quando ajudado pelo cultivador. Usa, pois, o arado com que o Senhor te enriquece as mãos, trabalhando a leira que te cabe, com firmeza e esperança, na certeza de que a colheita farta coroar-te-á os esforços, cada vez mais, desde que permaneças apoiado no propósito seguro de corresponder ao programa de trabalho que o Pai te reserva, na oficina da luz, em busca da alegria inalterável
EMMANUEL (XAVIER e VIEIRA, 2010)

Semear é confiar na colheita

A natureza, beleza e magnitude da evangelização espírita da criança e do jovem convida-nos à busca permanente de sua qualidade. Considerando a tarefa como elevada semeadura, compete-nos o exercício contínuo para que os campos se ampliem com segurança e qualidade, proporcionando espaços de real aprendizado e vivência cristã. A confiança na colheita dependerá, sobremaneira, da qualidade da semeadura, manifestada em diferentes expressões: a qualidade doutrinária, capaz de assegurar a fidedignidade dos postulados espíritas; a qualidade relacional, condição fundamental para constituição de um ambiente harmônico e de um trabalho fraternal em equipe; a qualidade pedagógica, expressa na rica e correta utilização de processos e recursos didático-pedagógicos adequados ao público com o qual se vai trabalhar; e a qualidade organizacional, que diz respeito à infraestrutura, aos recursos humanos e à integração de todos os envolvidos para o efetivo alcance dos objetivos da evangelização.

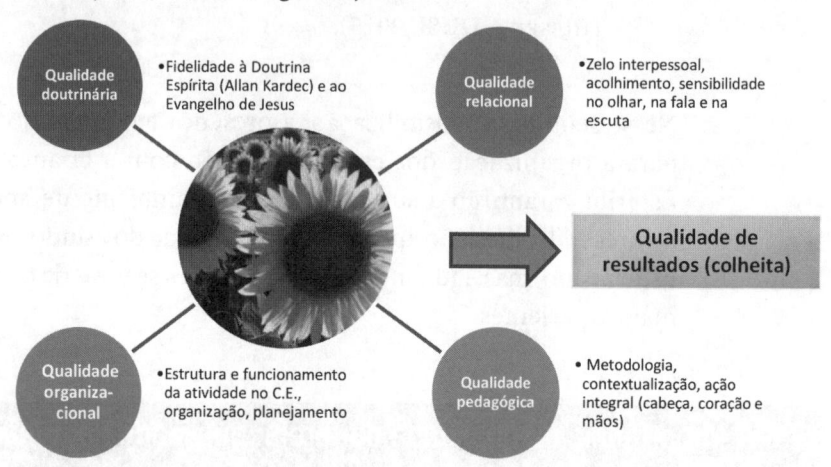

Qualidade doutrinária	• Fidelidade à Doutrina Espírita (Allan Kardec) e ao Evangelho de Jesus	Qualidade relacional	• Zelo interpessoal, acolhimento, sensibilidade no olhar, na fala e na escuta
			Qualidade de resultados (colheita)
Qualidade organizacional	• Estrutura e funcionamento da atividade no C.E., organização, planejamento	Qualidade pedagógica	• Metodologia, contextualização, ação integral (cabeça, coração e mãos)

Essas qualidades, demonstradas no gráfico acima, convidam-nos ao investimento simultâneo e permanente, de modo a contemplar a tarefa em sua integralidade, e têm como objetivo e consequência a qualidade de resultados, ou seja, a colheita satisfatória expressa pela real aproximação da mensagem espírita às crianças e aos jovens, proporcionando-lhes o exercício da fé raciocinada, a vivência do amor e a ação no bem.

a) Qualidade doutrinária

Conforme a qualidade da semente, teremos a colheita.
AMÉLIA RODRIGUES (DUSI, 2015)

Quando Jesus alertou os discípulos sobre a necessidade de as crianças irem até Ele e quando afirmou ser Ele o Caminho, a Verdade e a Vida, apontou-nos a necessidade de orientar desde cedo a infância no caminho verdadeiro. Isso não significa desrespeitar as fases próprias do desenvolvimento infantil a que a criança, Espírito imortal, está subordinada, mas implica o compromisso com uma formação doutrinária que a conduza à conquista de conhecimentos significativos e norteadores para toda sua vida.

"Conhecereis a Verdade e ela vos libertará" (*João*, 8:32), disse-nos, ainda, o Senhor, exortando-nos à busca de um caminho que auxilie a superar a ignorância, o erro, o fanatismo. Tal preocupação deve guiar nossa ação educativa junto às crianças.

Mentir para a criança, assustá-la com conceitos errôneos e fantasiosos e estimulá-la a atitudes preconceituosas são algumas das manifestações contrárias ao compromisso com a verdade. Por meio de uma linguagem adequada e de recursos didáticos diversificados e capazes de atingir o nível de aprendizagem da turma, o evangelizador poderá zelar pela correta internalização de conceitos por parte das crianças, garantindo a qualidade doutrinária dos conteúdos com os quais trabalha.

O domínio do conteúdo doutrinário por parte do evangelizador o auxiliará no compartilhamento e na aprendizagem, pela criança, viabilizado por um processo mediador que respeita o nível de compreensão e o repertório infantis. A qualidade doutrinária conquistada por meio do estudo e da reflexão pelo evangelizador atento e comprometido proporcionará, ainda, fidelidade aos princípios, segurança e melhor desempenho didático.

Equivocadamente, alguns companheiros pensam que com crianças é mais fácil de se trabalhar pedagogicamente. No entanto, as crianças apresentam grandes desafios em perguntas que requerem discernimento e domínio de conteúdo, a fim de que as respostas ou os encaminhamentos não comprometam a formação adequada do conceito.

Convidando-nos ao zelo doutrinário e à formação permanente, Guillon Ribeiro (DUSI, 2015) alerta: "Mas para um desempenho mais edificante, que procurem estudar e estudar, forjando sempre luzes às próprias convicções.

A precisão da diretriz doutrinária a ser preservada nas ações evangelizadoras é, ainda, sintetizada por Bezerra de Menezes, ao expressar: "Com Jesus nos empreendimentos do Amor e com Kardec na força da Verdade, teremos toda orientação aos nossos passos, todo equilíbrio à nossa conduta" (DUSI, 2015).

Jesus e Kardec, como filtros e diretrizes, assegurarão a qualidade doutrinária na condução do processo formativo das crianças que a Misericórdia divina nos apresenta para a orientação.

b) Qualidade relacional

Nisto conhecerão todos que sois meus discípulos:
se tiverdes amor uns aos outros.
(João, 13:35)

A qualidade relacional na prática da evangelização refere-se à garantia da construção de vínculos pautados na vivência da fraternidade legítima e no zelo aos processos interativos e comunicativos vivenciados na Instituição Espírita.

As ações de bem acolher, esclarecer, consolar e orientar os que chegam ao Centro Espírita, que fundamentam e perpassam todas as atividades da Instituição, convidam-nos à atenção ao fortalecimento dos laços fraternos entre todos, abrangendo as relações evangelizador-evangelizando, família-instituição espírita, colaborador-frequentador, colaborador-colaborador, dentre outros, construindo um processo relacional efetivo.

b.1) Vínculo fraterno

Para a tarefa de retificar ou conduzir almas, é indispensável que o trabalhador fiel ao bem inicie o esforço, indo ao encontro dos corações pelos laços da fraternidade legítima.
(XAVIER, 2010a)

As relações interpessoais pautadas no amor, na fraternidade e na confiança promovem à criança e aos seus familiares o vínculo fraterno necessário à sua boa adaptação no Centro Espírita e às suas interações, aprendizagens e vivências.

A construção do vínculo da criança com o Espiritismo e com a Instituição Espírita pode se dar por vários elos de conquista: o sentimento de acolhimento e de pertencimento à Instituição, o bem-estar com seus pares, a confiança no evangelizador, a crença na Doutrina Espírita, dentre outros. Sob tal perspectiva, as ações de *acolher, consolar, esclarecer e orientar*, bem conduzidas e pautadas na vivência da "fraternidade legítima", conforme nos alerta Emmanuel, possibilitam a construção de laços de confiança e afeto com pessoas, com a mensagem espírita e com a própria Instituição e proporcionam o conforto de percebê-la como espaço familiar de confraternização e aprendizado.

O Evangelho é, indubitavelmente, princípio e finalidade da ação evangelizadora; destacamos, contudo, que a mensagem de Jesus é igualmente meio, é método que garantirá o alcance dos objetivos da tarefa. Conforme afirma Joanna de Ângelis:

> Nesse sentido, o Evangelho é, quiçá, dos mais respeitáveis repositórios metodológicos de educação e da maior expressão de filosofia educacional. Não se limitando os seus ensinos a um breve período da vida e sim prevendo-lhe a totalidade, propõe uma dieta comportamental sem os pieguismos nem os rigores exagerados que defluem do próprio conteúdo do ensino (FRANCO, 1994b).

Assim, a construção de vínculo de fraternidade implica, invariavelmente, a vivência do Evangelho de Jesus, manifestado nas relações interpessoais estabelecidas no Centro Espírita, na família e no contexto social.

Destaca-se, na ação evangelizadora junto à infância, o elo construído na relação evangelizador-evangelizando, que prima pelo zelo interpessoal, essencial para que a criança se sinta acolhida e compreendida em suas necessidades e seus anseios, facilitando sua permanência e continuidade nas atividades da evangelização. A construção dos laços de fraternidade, afeto, respeito e diálogo entre evangelizadores, crianças e familiares faz-se fundamental para a construção do sentimento de pertencimento à Instituição Espírita, de amor aos companheiros de jornada e de alegria pela oportunidade do encontro, resultando na ação plenificada e exitosa da evangelização na Instituição Espírita.

b.2) Processos interativos e comunicativos

> *Que se armem de coragem e decisão, paciência e otimismo, esperança e fé, de modo a se auxiliarem reciprocamente, na salutar troca de experiências, engajando-se com entusiasmo crescente nas leiras de Jesus.*
> GUILLON RIBEIRO (DUSI, 2015)

As ações junto à infância nos convidam ao exercício da sensibilidade, da empatia e do respeito à singularidade. A integração da criança consigo mesma, com o próximo e com Deus, em conformidade com os ensinamentos de Jesus e com os objetivos da evangelização espírita, representa rico aprendizado e condição essencial para seu processo de autoaperfeiçoamento.

A construção das interações, por sua vez, se dá por inúmeros processos comunicativos, estabelecidos na dinâmica do dia a dia e no convívio da criança com seus pares, com os evangelizadores, coordenadores, dirigentes das Instituições, dentre outros participantes do seu contexto familiar e social, além de fortalecer vínculos com a Instituição e com o Movimento Espírita.

No que concerne à atuação dos evangelizadores e coordenadores, a interação deve primar por uma especial atenção à linguagem e às formas de comunicação, buscando potencializar os espaços de acolhimento e integração da criança no Centro Espírita e exercitar a sensibilidade no olhar, na fala e na escuta, conforme gráfico a seguir:

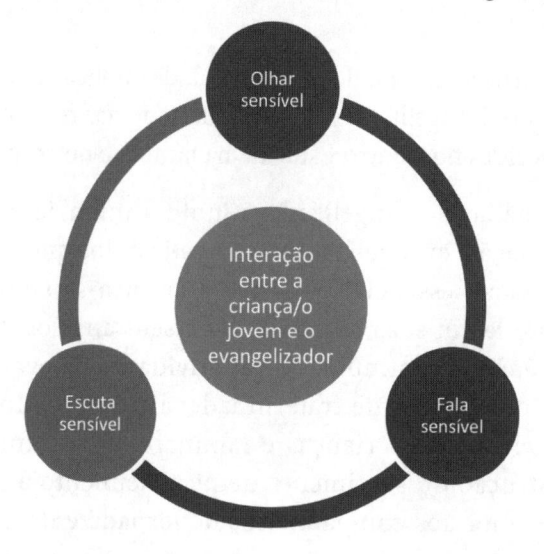

[Diagrama: Interação entre a criança/o jovem e o evangelizador — Olhar sensível, Escuta sensível, Fala sensível]

O exercício do olhar sensível

Como é que vedes um argueiro no olho do vosso irmão, quando não vedes uma trave no vosso olho?
Jesus (*Mateus*, 7:3 a 5)

Senhor Jesus! [...] Faze-nos observar, por misericórdia, que Deus não nos cria pelo sistema de produção em massa e que por isso mesmo cada qual de nós enxerga a vida e os processos de evolução de maneira diferente.
Emmanuel (*Reformador*, fev. 1973)

O olhar sensível para a criança e para o jovem implica considerá-los em sua integralidade, respeitando-os em sua singularidade. Reconhecer tais aspectos favorece a organização de ações que possam potencializar o desenvolvimento do ser, considerando-se, conforme nos apresenta Joanna de Ângelis, que "a educação para a Nova Era deve estruturar-se, sem dúvida, no conceito de realização integral, abrangendo os valores culturais, sociais, econômicos, morais e espirituais do ser humano" (FRANCO, 2012).

O exercício da fala sensível

> *Lembre-se de que o mal não merece comentário em tempo algum.*
> André Luiz (XAVIER, 2005)

> *[...] a boca fala do que está cheio o coração.*
> Jesus (*Lucas*, 6:43 a 45)

> *Guarde cuidado no modo de exprimir-se; em várias ocasiões, as maneiras dizem mais que as palavras.*
> André Luiz (XAVIER, 2015)

A fala representa meio privilegiado de comunicação, e a eficácia da compreensão da mensagem está associada à clareza de expressão, à adequação da linguagem e à coerência de ideias do evangelizador. Nesse processo, o que falar, como, quando e onde podem exercer grande influência na construção dos vínculos de confiança e fraternidade que subjazem às relações interpessoais construídas.

O exercício da escuta sensível

> *Ouça quem tem ouvidos de ouvir.*
> (*Mateus*, 9:1 a 9)

O desenvolvimento da escuta recíproca entre as crianças e seus respectivos evangelizadores/coordenadores representa ação primordial da tarefa. Ouvir o próximo, mostrando-se receptivo a conversas, dúvidas, reflexões, compartilhamentos e aprendizagens proporciona o conhecimento de suas ideias e de seus posicionamentos diante da vida, favorecendo o diálogo.

Linguagem e comunicação na ação evangelizadora

A ação evangelizadora é essencialmente comunicativa e, por isso, necessário se torna lembrar que Jesus, ao iniciar seus discursos, preocupava-se com as palavras, como registra *Marcos*, 4:30: a que assemelharemos o reino de Deus? Com que parábola o representaremos? No processo comunicativo com a criança, é preciso que o evangelizador se utilize de uma linguagem acessível, presente no repertório infantil, suscetível de ser por ela compreendida, e capaz de estabelecer pontes com sua realidade vivencial e comunicacional.

Pesquisar o vocabulário da meninada é tarefa do evangelizador por meio do ouvir e do dialogar, do observar e do propor, enriquecendo, assim, a linguagem infantil.

Com tantos meios de comunicação presentes em sua vida e o contato com a linguagem dos adultos, a criança hoje domina, geralmente, um rico vocabulário, por meio do qual se expressa, e uma abertura para incorporar ao seu repertório expressões que descobre ou escuta no cotidiano.

Jesus, o exemplo maior de Mestre, preocupava-se — na sua ação comunicativa junto às populações — com o uso de referências concretas presentes na experiência daqueles que o ouviam: objetos (exemplo: moedas), paisagens (exemplo: lírios do campo), seres vivos (exemplo: pássaros do céu), histórias (exemplo: parábola do bom samaritano), costumes (exemplo: o lava-pés), atos comuns da vida (exemplo: um homem descia de Jerusalém para Jericó) serviam como ponto de partida ou ilustração para facilitar a aprendizagem do público.

Cuidados devem estar presentes nessa questão: o excessivo uso de diminutivos e gírias do cotidiano da vida social infantil pode e deve ser evitado, acostumando desde cedo a criança a uma linguagem clara e comunicativa.

b.3) A evangelização como ação inclusiva

[...] jamais poupareis nenhum esforço no desenvolvimento do vosso sublime trabalho no campo da infância e da juventude. Tereis sempre, nessa seara abençoada, a garantia de uma admirável colheita futura.
ESPÍRITO JEAN-JACQUES ROUSSEAU (DUSI, 2015)

Disse também àquele que o convidara: "Quando derdes um jantar ou uma ceia, não convideis nem os vossos amigos, nem os vossos irmãos, nem os vossos parentes, nem os vossos vizinhos que forem ricos, para que em seguida não vos convidem a seu turno e assim retribuam o que de vós receberam. Quando derdes um festim, convidai para ele

os pobres, os estropiados, os coxos e os cegos. E sereis ditosos por não terem eles meios de vo-lo retribuir, pois isso será retribuído na ressurreição dos justos." Um dos que se achavam à mesa, ouvindo essas palavras, disse-lhe: "Feliz do que comer do pão no reino de Deus!"
(*Lucas*, 14:12 a 15)

O Plano de Trabalho para o Movimento Espírita Brasileiro 2013–2017 (FEB/CFN, 2012) destaca como sua primeira diretriz a difusão da Doutrina Espírita, cujo objetivo é: "Difundir a Doutrina Espírita, pelo seu estudo, divulgação e prática, colocando-a ao alcance e a serviço de todas as pessoas, indistintamente, independentemente de sua condição social, cultural, econômica ou faixa etária". Claramente, manifesta-se a perspectiva inclusiva como princípio de toda e qualquer ação do Movimento Espírita, consonante com os postulados espíritas.

Nesse contexto, destacamos que a evangelização pressupõe, em sua essência, a dimensão de incluir, envolver e inserir como ações que traduzem a perspectiva de garantia da igualdade de oportunidades e do reconhecimento da singularidade de cada ser humano, ainda mais marcante quando nos remetemos à realidade do ser espiritual.

Afirmamos o necessário investimento pela garantia de condições, indispensáveis para o amadurecimento das relações intra e interpessoais por meio da construção de processos vivenciais de aprendizagem que envolvam, dentre outros, o exercício da tolerância, da paciência, da fraternidade e da alteridade. O desafio do enfrentamento às fragilidades humanas na busca de superar a ignorância, a injustiça e todo e qualquer tipo de preconceito é inerente ao processo de autoaperfeiçoamento e de construção coletiva da vida social.

Historicamente, as instituições educacionais oficiais que atuam sob uma perspectiva inclusiva concebiam o processo de inclusão relacionado, especificamente, às crianças com necessidades educacionais especiais, buscando auxiliá-las não apenas a lidar com as limitações e dificuldades, mas, principalmente, a superar os naturais desafios e a desenvolver novas habilidades de interação social e de aprendizagem. Atualmente, avançou-se nesse conceito, e a referência de inclusão já abrange o acolhimento a toda e qualquer condição humana manifesta, considerando a perspectiva do respeito à diversidade, que reconhece e prima pelos direitos humanos.

Mediante as especificidades inerentes ao desenvolvimento humano, considera-se oportuna, todavia, a abordagem mais direta de alguns aspectos relacionados ao atendimento às crianças com necessidades educativas especiais.

Bem sabemos que, sob a ótica espírita, somos Espíritos singulares e, nesse contexto, as necessidades e limitações físicas e/ou mentais dos Espíritos reencarnantes representam verdadeiras ferramentas de autoaperfeiçoamento, convidando-os à harmonização com as leis naturais que regem a vida, considerando-se que são herdeiros de uma trajetória pretérita. Zelosos benfeitores espirituais cuidam para que sua experiência terrena resulte em benefícios de aprendizagem não apenas no campo do conhecimento (desenvolvimento cognitivo), mas especialmente no campo das emoções (desenvolvimento emocional), amadurecendo e fortalecendo sentimentos necessários ao seu processo evolutivo.

Nesse sentido, a evangelização espírita infantojuvenil, por objetivar o estudo, a difusão e a prática da Doutrina Espírita junto à criança e ao jovem, apresenta-se como momento especial de aprendizagem e propício à abordagem e à vivência de ensinamentos que, certamente, auxiliarão os evangelizandos na sua jornada reencarnatória. Nesse contexto, garantir a acessibilidade não apenas arquitetônica, mas por meio da adaptação de recursos comunicacionais, constitui relevante ação que favorecerá o alcance de tais objetivos, beneficiando e fortalecendo os participantes da ação evangelizadora.

Conforme nos responde Divaldo Franco (2011), sob inspiração de Bezerra de Menezes:

> A melhor maneira de auxiliar as crianças portadoras de necessidades especiais é amando-as, tratando-as sem pieguismos nem excepcionalidades, oferecendo-lhes os melhores recursos psicopedagógicos, ao mesmo tempo em que, dialogando com naturalidade, demonstre-lhes que está ao seu alcance serem felizes ou prosseguirem nos tormentos que as avassalam (DUSI, 2015).

É importante considerar que *toda ação evangelizadora encontra ressonância no coração infantojuvenil*, mesmo que o retorno não seja expressamente manifesto de modo verbal. A capacidade de apreensão da mensagem existe em todas as almas reencarnantes, variando-se apenas a sensibilidade dos diferentes sentidos.

Na perspectiva da ação inclusiva, toda a atividade didática deve ser pensada coletivamente, enfatizando-se individualmente a participação e o desenvolvimento do ser, de modo a proporcionar ao grupo de evangelizandos um ganho interativo mediante criativas elaborações didático-pedagógicas. Para isso, o evangelizador poderá pesquisar diversas abordagens e apropriar-se de conhecimentos e estratégias diferenciadas, envolvendo o grupo de acordo com a especificidade que se apresenta. Nessa condução, deve-se considerar a singularidade das potencialidades e das necessidades do indivíduo, organizando-se o momento da evangelização de modo a favorecer o seu pleno desenvolvimento. A título de exemplificação, considerando a necessidade educacional especial e o grau de independência da criança e do jovem, pode-se contar com um evangelizador de apoio ou com a presença de um membro da família e/ou acompanhante que auxiliará na organização do momento e na identificação dos recursos de comunicação assistiva mais adequados à compreensão e à vivência da mensagem evangelizadora.

Ressalta-se, ainda, a importância do envolvimento de toda a família na tarefa da evangelização por meio de um diálogo franco e aberto, de trocas de experiências, de esclarecimento sobre o que e como será o trabalho, bem como de *feedbacks* relativos ao desenvolvimento da criança e do jovem, zelo comunicacional que perpassa, igualmente, as ações junto aos evangelizandos que não apresentam necessidades educacionais especiais.

Além dos aspectos abordados, a implementação de ações inclusivas inclui os acessos arquitetônicos e a necessidade de preparação dos evangelizadores para o melhor acolhimento de crianças e jovens com deficiências e quaisquer limitações por meio de seminários, rodas de conversa, oficinas, dentre outras estratégias de diálogo e aprendizagem. Destaca-se, ainda, a importância de abordagens temáticas junto aos evangelizadores e pais/familiares (reunião de pais, reunião de temas familiares à luz do Espiritismo, palestras), contemplando contribuições da área médica e educacional, fundamentadas à luz da Doutrina Espírita.

A visão inclusiva pode abranger, também, a ação evangelizadora junto às crianças e aos jovens que se encontram hospitalizados, em situação de risco e vulnerabilidade social ou mesmo aos jovens que se encontram em situação de restrição de liberdade (aprisionamento), devendo-se, nesses casos, haver adequada preparação dos evangelizadores/coordenadores para o desenvolvimento das ações.

Em caso de eventual identificação de negligência ou violência, a equipe deve buscar, em articulação com as áreas da Assistência e Promoção Social, de Atendimento Espiritual e demais instâncias da Instituição, os encaminhamentos adequados à garantia dos direitos humanos fundamentais e ao seu fortalecimento espiritual.

Reitera-se, nesse sentido, independentemente das especificidades, a adequada e contínua formação dos evangelizadores para que possam auxiliar as crianças e os jovens em suas necessidades singulares, mantendo-se fiéis aos objetivos evangelizadores. A busca de estratégias pedagógicas para tal fim mostra-se válida e necessária, visando à contínua qualidade dos métodos, dos recursos didáticos, das interações e dos meios de comunicação.

Cientes de que "Deus não nos cria pelo sistema de produção em massa" (EMMANUEL – FEB, 1973), a evangelização espírita infantojuvenil assume um caráter eminentemente inclusivo, no sentido de buscar acolher e oferecer aos evangelizandos todo o apoio necessário ao seu processo de aperfeiçoamento, considerando suas singularidades.

O exercício da empatia, da criatividade, do planejamento e da sensibilidade nas ações de ver, ouvir e falar mostra-se como convite permanente aos evangelizadores/coordenadores que, igualmente, encontram-se em processo de aperfeiçoamento.

c) Qualidade pedagógica

> [...] o Evangelho é, quiçá, dos mais respeitáveis repositórios metodológicos de educação e da maior expressão de filosofia educacional.
> JOANNA DE ÂNGELIS (DUSI, 2015)

A ação evangelizadora junto às crianças nos convida a significativas reflexões pedagógicas com vistas à sua efetividade. Nesse contexto, a concepção de criança como Espírito imortal, herdeira de si mesma e agente de transformação social amplia, sobremaneira, as formas de condução e mediação dos estudos e das demais atividades desenvolvidas na evangelização espírita, incentivando-a à participação ativa, à reflexão e à ação.

Vianna de Carvalho, abordando a função educativa do Espiritismo, afirma:

O Espiritismo é, essencialmente, uma doutrina de educação. Não foi por outra razão que a Divindade preparou adequadamente o Prof. Rivail, sob a sabedoria de Pestalozzi, para que, mais tarde, soubesse encaminhar a Codificação ao seu superior destino na construção da sociedade feliz, utilizando-se dos avançados métodos pedagógicos então vigentes (DUSI, 2015).

Visando organizar as reflexões, apresentamos a seguir, de forma sintética, alguns aspectos relevantes na construção de uma abordagem pedagógica que favoreça uma aprendizagem significativa para as crianças e que garanta a qualidade da tarefa.

c.1) Contextualização e reflexão crítica

Hoje é a oportunidade ditosa para depositardes sementes no solo dos corações; amanhã será o dia venturoso de colherdes os frutos da paz.
FRANCISCO THIESEN (DUSI, 2015)

Entende-se por contextualização da aprendizagem a organização temática e metodológica que favorece ao indivíduo associar os novos conhecimentos à sua realidade vivida. No âmbito da evangelização espírita, a conexão entre o conteúdo doutrinário e o contexto vivenciado pela criança merece especial atenção, visto que o desejo de conhecer e estudar a Doutrina Espírita somente se efetiva quando encontra sentido e conexão com suas experiências e emoções. Do contrário, os conteúdos doutrinários representarão apenas informações somadas ao seu repertório intelectual, porém sem sentido de transformação pessoal e social.

Nessa perspectiva, o caminho mostra-se integrado e bidirecional, favorecendo às crianças e aos evangelizadores caminharem dos temas cotidianos à fundamentação doutrinária, ou partirem dos princípios doutrinários aos contextos de vida. O caminho é o mesmo, alternando-se apenas os sentidos, a direção da condução, primando-se pela adequada fundamentação e contextualização dos temas abordados, conforme gráfico a seguir:

CONTEXTUALIZAÇÃO

Temas Doutrinários

Doutrina Espírita

Contextos sociais e pessoais

Temas Cotidianos

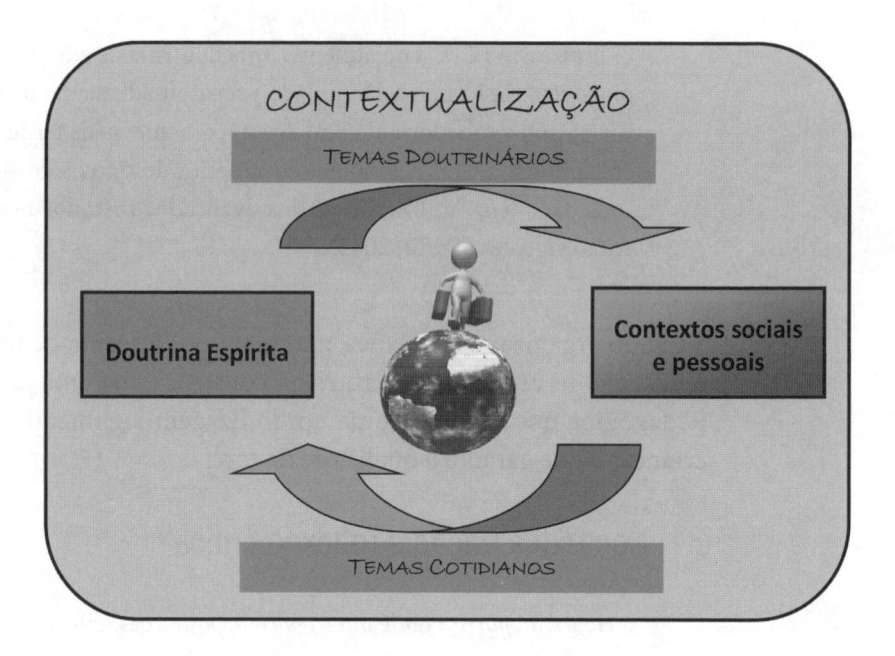

A contextualização enfoca a realidade familiar e social vivenciada pelas crianças, bem como seus anseios, interesses e necessidades, e abarca os aspectos emocionais, morais e espirituais percebidos pelo evangelizador durante as atividades. O desafio do evangelizador é articular o contexto da criança aos conteúdos doutrinários de modo a favorecer a reflexão acerca da realidade e de suas ações, convidando-a ao compromisso de agir melhor em seu meio. Essa articulação possibilita, além de um nível mais profundo de conhecimento dessa mesma realidade, a autocrítica e um compromisso de ação. Essa ação transformadora se dá tanto no plano individual (internalização de valores, por exemplo) quanto no coletivo (pela renovação de atitudes, por exemplo), o que significa a superação do simples domínio de conceitos e palavras.

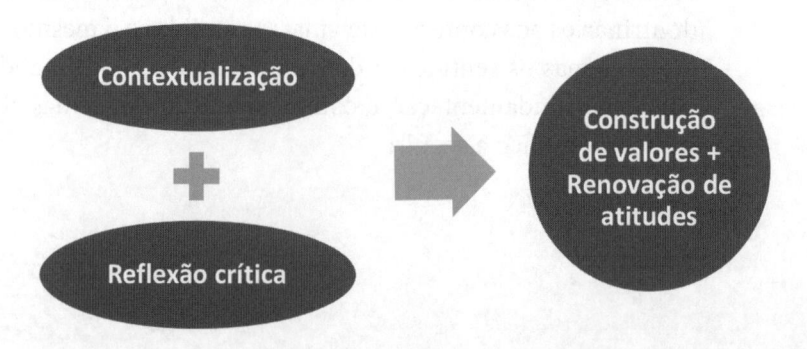

Contextualização + Reflexão crítica → Construção de valores + Renovação de atitudes

Sob tal perspectiva, a contextualização e a reflexão crítica mostram-se essenciais à fundamentação da razão sobre a qual a fé será construída, possibilitando o efetivo exercício da *fé raciocinada*, bem como ao posicionamento seguro diante da vida por meio de atitudes coerentes com suas crenças e seus valores.

c.2) Dinamismo metodológico e tecnológico

> *O apoio dos novos métodos de ensino, na dinâmica pedagógica dos tempos atuais, ensejará ajuda, estímulo e segurança ao Movimento Espírita de Evangelização de Crianças e Jovens, onde professores, educadores e leigos, de corações entrelaçados no objetivo comum, continuarão a recolher dos planos acima a inspiração precisa para conduzirem com acerto, maestria e objetividade a nobilitante tarefa que lhes foi confiada em nome do amor.*
> BEZERRA DE MENEZES (DUSI, 2015)

A dinamização das atividades de evangelização espírita da infância mostra-se fundamental para a qualidade da tarefa de estudo, difusão e prática da Doutrina Espírita junto às crianças. A organização de espaços interativos, dinâmicos, vivenciais, lúdicos e afetivos, bem como a promoção de oportunidades de trabalho no bem, tendem a favorecer o bem-estar da criança no Centro Espírita e o sentimento de pertencimento à Instituição e ao grupo.

Visto que a criança é participante ativa na ação evangelizadora, torna-se premente selecionar estratégias lúdicas e atrativas de se trabalhar a temática proposta, reconhecendo-se na ludicidade importante ferramenta de aproximação ao mundo infantil, atendendo diretamente aos anseios, interesses e expectativas das crianças.

Em vista das peculiaridades do desenvolvimento da criança, as atividades da evangelização da infância precisam ser organizadas considerando diferentes linguagens e estratégias comunicacionais, mediadas por jogos cooperativos, brincadeiras, arte, movimento, contato com a natureza e interações sociais que perpassam vivências e experiências.

Atividades significativas, como as exemplificadas, vão compor a memória espiritual da criança e possibilitar a sedimentação do conhecimento, a reflexão sobre o seu modo de ser no mundo e a perspectiva de transformação moral, alcançando os objetivos da tarefa da evangelização.

Sob a perspectiva da fé raciocinada, os encontros de evangelização devem estimular, ainda, a cooperação e a criticidade, instigando perguntas, mais do que oferecendo respostas, de modo a proporcionar à criança a oportunidade de reflexão sobre novos conhecimentos que, gradativamente, vão ganhando sentido e elucidando questões que fortalecem as crenças e inspiram mudanças nas ações.

Nessa perspectiva, o uso de histórias e dinâmicas vivenciais com recursos didáticos criativos e tecnológicos, bem orientado por objetivos claros e coerentes com a proposta educativa do Espiritismo, apresenta-se como estratégia favorável à abordagem de diferentes assuntos e à construção de aprendizagens com significado e sentido para a vida da criança. Somam-se a tais estratégias as oportunidades de colaborar nas atividades da Instituição, em especial nas relacionadas à assistência e promoção social e na própria evangelização espírita, favorecendo o exercício da responsabilidade compartilhada, da organização, da colaboração e do compromisso com a causa espírita.

c.3) A arte na evangelização espírita

Muito importante a missão da educação como ciência e arte da vida.
JOANNA DE ÂNGELIS (DUSI, 2015)

"A arte deve ser o Belo criando o Bom". Essa assertiva de André Luiz (VIEIRA, 2006) nos remete à dimensão estética que ganha sentido ético. A arte é um convite à sensibilidade manifesta pelo potencial criativo que, quando associado à ética, nos coloca em conexão mais próxima com o Criador.

Léon Denis, no livro *Espiritismo na arte*, descreve que "o objetivo essencial da arte é a busca e a realização da beleza; é, ao mesmo tempo, a busca de Deus, uma vez que Deus é a fonte primeira e a realização perfeita da beleza física e moral".

Emmanuel (XAVIER, 2008a), por sua vez, destaca que "a arte pura é a mais elevada contemplação espiritual por parte das criaturas".

O Plano de Trabalho para o Movimento Espírita Brasileiro (FEB/CFN, 2012) prevê como uma das sugestões de atividades para a difusão da Doutrina Espírita a realização de amplo trabalho voltado "à promoção da Arte como uma manifestação cultural dos espíritas, que se propõem a aliar os princípios e os valores éticos e morais do Espiritismo às manifestações artísticas em geral, por meio da arte-educação, a serviço do bem e do belo".

Nesse sentido, podemos identificar consonância com os objetivos da ação evangelizadora e reconhecer a arte como poderoso instrumento de sensibilização, interlocução e diálogo intra e interpessoal que perpassa todos os espaços de ação da criança.

A energia e o potencial criativo são características básicas da infância, e a arte proporciona experiências de linguagem e manifestação do pensamento e do sentimento por diferentes formas e expressões, quais sejam: dramáticas, corporais, musicais, literárias e plásticas, atendendo aos diferentes interesses das crianças. Nesse contexto, o desenho, a música, a pintura, a colagem, dentre outras expressões artísticas, representam atividades essencialmente lúdicas para as crianças, com significado não apenas no produto finalizado, mas especialmente no processo de criação e construção.

Ressalta-se, nesse aspecto, que arte não se propõe como mera técnica, mas como real instrumento que servirá ao desenvolvimento da percepção e da sensibilidade ao bem e ao belo, propriedades que deverão ser consideradas tendo em vista o desenvolvimento integral do ser.

Atividades como composição musical, canto coral, produção de roteiro e interpretação teatral, expressão corporal, artes plásticas, dança, fotografia, cinema, produção textual, oral e escrita em diferentes gêneros, dentre outras manifestações artísticas, podem compor um conjunto de possibilidades para se aprender a Doutrina Espírita, exercitar a empatia e estabelecer conexões com a vida de forma lúdica e envolvente, tornando o ser mais sensível, capaz de perceber melhor o próximo e a vida ao redor.

Tais atividades promovem, ainda, por suas características coletivas, integração entre as crianças e vivências de valores como cooperação, colaboração e respeito às diferenças, os quais permitirão à criança experiências de solidariedade, responsabilidade e compromisso para consigo e com os outros.

Por meio da arte a criança terá a oportunidade de reflexões contextualizadas acerca da Doutrina Espírita em quaisquer dos âmbitos em que esteja inserida (familiar, escolar, lazer etc.), sendo-lhe oportunizadas a compreensão e a vivência dos postulados espíritas.

Nos grupos de evangelização espírita, vê-se que a música assume relevante papel integrador e divulgador da mensagem espírita, favorecendo a reflexão e a participação ativa da criança. Sobre tal expressão artística, o Espírito Rossini, em *Obras póstumas,* descreve:

> A música é essencialmente moralizadora, uma vez que traz a harmonia às almas e que a harmonia as eleva e engrandece. [...] A música exerce salutar influência sobre a alma e a alma que a concebe também exerce influência sobre a música. A alma virtuosa, que nutre a paixão do bem, do belo, do grandioso e que adquiriu harmonia, produzirá obras-primas capazes de penetrar as mais endurecidas almas e de comovê-las (KARDEC, 2005b).

Sob tal perspectiva, a arte pode representar relevante meio de estudo, prática e difusão doutrinária por abarcar, de forma harmônica, conteúdo e forma, promovendo a sensibilização e o envolvimento cognitivo e emocional da criança em sua produção, apresentação e fruição.

c.4) Incentivo à leitura

> *[...] o livro é realmente uma dádiva de Deus à humanidade para que os grandes instrutores possam clarear o nosso caminho, conversando conosco, acima dos séculos e das civilizações. É pelo livro que recebemos o ensinamento e a orientação, o reajuste mental e a renovação interior.*
> Meimei (XAVIER, 1986)

Muito além de permitir o acesso ao mundo das letras, as informações e experiências contidas nas obras literárias de qualidade elevada convidam o leitor a registrar ideias, desafios e proposições que, uma vez compartilhadas e sentidas, são capazes de operar transformações no mundo íntimo com repercussões na experiência social.

O acesso ao livro e à leitura é imprescindível a todo processo educativo qualificado. A formação de leitores é um investimento inalienável que contribui e estimula uma competência essencial à aprendizagem: conhecer o mundo e as possibilidades por meio da palavra registrada em suas mais diversas nuances. Portanto, considera-se como válida e necessária toda e qualquer atividade que estimule o acesso à informação e o gosto pela leitura, independentemente da forma como se vivencie:

individual, silenciosa, circular, em grupo, além de se considerar a riqueza do contato com a variedade de gêneros textuais e todo tipo de material impresso — livros, jornais, revistas, romances, contos, ensaios, memórias disponíveis que contribuam com a formação de leitores.

As ações devem, assim, promover o desenvolvimento de habilidades de leitura para que a criança e o jovem sejam capazes de integrar-se ao mundo em que vivem, usufruindo de saberes e construindo conhecimentos essenciais que qualifiquem sua forma de viver, ser e estar no mundo. A perspectiva crítica e investigativa, tão necessária para se estar diante dos desafios cotidianos, pode ser exercitada por meio da leitura mediada, buscando compreender, comparar, analisar, estabelecer relações, refletir sobre um universo de possibilidades e realizar escolhas.

Peralva (2007), ao afirmar que "o livro é sempre o grande e maravilhoso amigo da humanidade", nos convida a exercitar o processo de autoconhecimento revelado pelo contato com grandes lições. Nesse sentido, ter acesso ao Evangelho de Jesus à luz da Doutrina dos Espíritos, por meio das obras vigorosas da codificação e da riqueza das obras subsidiárias, vitaliza-nos no processo educativo em que estamos imersos.

Destacam-se, ainda, dentre os estilos literários e inúmeras referências bibliográficas edificantes, as parábolas de Jesus, que correspondem aos seus ensinamentos sublimes de forma contextualizada, expressas com linguagem adequada a partir da realidade dos que o acompanhavam.

No que concerne ao público infantil, destacamos, ainda, a relevância de se adequarem as estratégias de contação de histórias, a abordagem dos conteúdos e o aprofundamento posterior dos temas, de modo a promover o diálogo interpretativo, a identificação com os personagens, a compreensão da mensagem e o intercâmbio de experiências.

O pensamento imaginativo da criança, somado ao estímulo recebido nos diferentes contextos da vida, representam relevantes ingressos ao universo das histórias, expandindo possibilidades de abordagens e interação com o enredo e a mensagem. Fantoches, teatro de varetas, teatro de sombras, dedoches, bonecos, cenários, máscaras, dramatizações, ilustrações ampliadas, varal didático, avental didático, dentre vários outros recursos de contação de história, somados ao preparo e estilo do contador, estimulam a criatividade e a imaginação da criança, bem como favorecem a melhor compreensão da mensagem.

Dentre as múltiplas possibilidades de difusão e de incentivo à leitura junto à criança, destacam-se a roda de leitura, a dramatização de histórias, o clube do livro nas salas de evangelização, a propaganda de livros pelo leitor-mirim, o repórter da leitura, a feira de livro, o piquenique literário, dentre outras possibilidades.

d) Qualidade organizacional

> *Arroteemos o terreno à nossa disposição, adubemo-lo e atiremos nele as sementes do Evangelho. Jesus fará o resto.*
> Francisco Spinelli (DUSI, 2015)

Diante da relevância da Doutrina Espírita e dos objetivos do Movimento Espírita, das Instituições Espíritas e da tarefa de evangelização, identifica-se a necessidade de adequada organização para que se possa, de modo efetivo, contribuir para a formação de pessoas de bem e para a regeneração da humanidade.

A qualidade organizacional refere-se à organização e à integração da tarefa de evangelização espírita ao conjunto de atividades desenvolvidas no Centro Espírita, abrangendo desde a estrutura operacional das ações — espaços físicos, horários, recursos humanos e materiais — até a estrutura didático-doutrinária — planejamento, acompanhamento e avaliação de ações, encontros, projetos e eventos —, buscando primar pela harmonia, segurança e integração de todos os envolvidos.

A evangelização da criança no Centro Espírita: reflexões sobre organização e funcionamento

Os encontros de evangelização espírita referem-se aos espaços e tempos destinados ao estudo e à vivência da Doutrina Espírita no Centro Espírita, usualmente de periodicidade semanal, e representam espaço privilegiado de compartilhamento, reflexões, vivências e fortalecimento dos laços afetivos e sociais entre todos os envolvidos na ação evangelizadora.

A implantação e a implementação da atividade de evangelização nos Centros Espíritas representam ações de relevo por promover o estudo compartilhado da Doutrina Espírita de forma contextualizada com o cotidiano das crianças e dos jovens.

A organização e o funcionamento da atividade de evangelização nos Centros Espíritas devem considerar, como ponto de partida, as especificidades, potencialidades, necessidades e culturas locais, bem como as características das crianças, evidenciando a flexibilização e a adequação da tarefa de forma a garantir sua dinamização e qualidade crescentes. Para a realização e o alcance dos objetivos da ação evangelizadora, são necessários o engajamento e o comprometimento coletivo da Instituição, de forma participativa, solidária e integrada.

Considerações gerais sobre faixa etária, agrupamentos, reflexões metodológicas e núcleos temáticos são apresentados a seguir, convidando a equipe de evangelizadores, coordenadores e dirigentes a uma análise das demandas e contextos da Instituição Espírita, de modo que a estruturação da tarefa atenda aos objetivos propostos de forma integrada às demais atividades oferecidas pelo Centro Espírita.

d.1) Faixa etária

> *Nas diversas fases etárias da aprendizagem humana, em que o ser aprende, apreende e compreende, a educação produz os seus efeitos especiais, porquanto, através dos processos persuasivos, libera o ser das condições precárias, armando-o de recursos que resultam em benefícios que não pode ignorar.*
> JOANNA DE ÂNGELIS (DUSI, 2015)

As atividades voltadas para a infância contemplam a faixa etária até 11 anos, flexibilizando-se seu início e término de acordo com as possibilidades oferecidas pelos Centros Espíritas.

Reconhecendo as especificidades locais e os esforços do Movimento Espírita por bem atender as crianças no Centro Espírita, a organização dos dias e horários dos encontros de evangelização deve ser pensada de modo a considerar as possibilidades e necessidades das crianças e dos familiares, favorecendo sua efetiva participação.

Atualmente, além das faixas etárias consideradas escolares, observam-se experiências exitosas voltadas para faixas etárias iniciais, contemplando bebês e crianças de dois anos de idade. Identificando-se a participação das crianças em ambientes educacionais desde a tenra idade e percebendo-se a receptividade às interações e aprendizagens, a ação direcionada a essa faixa etária corresponde a mais uma opção de ambiente evangelizador, no qual os Espíritos recém-reencarnados, juntamente com seus pais, vivenciam a mensagem espírita por meio de histórias, música, dentre outras estratégias didáticas. Conforme nos orienta Léon Denis (2013): "Estudemos, desde o berço, as tendências que a criança trouxe das suas existências anteriores, apliquemo-nos a desenvolver as boas, a aniquilar as más". O êxito junto a tal faixa etária depende de estratégias metodológicas específicas, da participação ativa dos pais e do preparo adequado dos evangelizadores.

Ampliando-se a faixa etária, identificam-se, igualmente, formas interativas e criativas de estudo e vivência da Doutrina Espírita que busquem contextualizar a mensagem de Jesus às experiências de vida das crianças nas diferentes fases do desenvolvimento, contribuindo para a formação de pessoas de bem e fortalecendo-lhes os ideais da construção da paz pela vivência do amor.

Ressalta-se que a oferta da evangelização às diferentes faixas etárias é flexível e atenderá a especificidades, demandas, interesses e possibilidades locais.

d.2) Agrupamentos

> *[...] faz-se inadiável buscarmos os serviços que nos competem junto à evangelização da criança e do jovem para que as comunidades terrestres, edificadas em Jesus, adentrem o Terceiro Milênio como alicerces ótimos de uma nova civilização que espelhe, no mundo, o reino de Deus.*
> BEZERRA DE MENEZES (DUSI, 2015)

A organização dos grupos de evangelização da infância nas Instituições Espíritas varia de acordo com as possibilidades físicas e humanas da Instituição. Os agrupamentos etários (ciclos de infância) são considerados válidos, visto que a proximidade da idade favorece maior vinculação entre os pares e uma organização metodológica e comunicativa adequada aos diferentes interesses que permeiam a vida infantil.

Nessa perspectiva, sugerem-se agrupamentos no âmbito da evangelização da infância de acordo com a realidade e as possibilidades do Centro Espírita, garantindo-se a linguagem, a abordagem dos temas e a organização de planejamentos que contemplem as especificidades das experiências vivenciadas pelas crianças, suas áreas de interesse, dentre outras características do grupo.

O Centro Espírita pode organizar seus grupos de evangelização espírita da infância, considerando várias possibilidades de agrupamentos, a depender dos recursos humanos e físicos da Instituição. Nesse sentido, a título de exemplificação, a organização da atividade em uma Instituição poderá contemplar bebê (0 a 2 anos), pré-maternal (2 anos), maternal (3 e 4 anos), jardim de infância (5 e 6 anos), 1º ciclo (7 e 8 anos), 2º ciclo (9 e 10 anos) e 3º ciclo (11 anos), ou outras configurações que atendam ao contexto vivenciado. Ressalta-se, nesse sentido, a flexibilidade nas configurações dos ciclos, cuja organização dependerá da estrutura da Instituição Espírita, da realidade local, dos seus interesses e possibilidades.

Outros Centros Espíritas podem apresentar diferentes configurações etárias, com faixas etárias mistas, a depender da quantidade de crianças participantes, de evangelizadores em atividade e dos espaços físicos disponíveis nas Instituições. Nesses casos, sugere-se especial atenção dos evangelizadores e coordenadores no sentido de se garantir um espaço integrador, seguro e atrativo, avaliando-se a quantidade possível e adequada de crianças por turma e remanejando espaços e horários de forma a bem atender à demanda, considerando, em especial, as características de desenvolvimento.

Turmas de idades menos avançadas, como maternais e jardins, pelas características de desenvolvimento das crianças que delas participam, tendem a exigir mais atenção dos evangelizadores, sugerindo-se sejam organizadas com menor quantidade de evangelizandos e, se possível, com duplas ou trios de evangelizadores, visando potencializar e dinamizar as atividades, auxiliar as crianças em suas necessidades e articular a organização temática às individualidades do grupo.

Sugere-se que a configuração dos grupos seja permanentemente avaliada e reavaliada, especialmente em razão da realidade local, que poderá possibilitar reconfigurações com vistas a melhor atender às necessidades. Para tanto, é importante proceder às adaptações com bom senso e mediante a análise compartilhada e sensível aos anseios das crianças e às suas características individuais e grupais.

Outro aspecto a ser considerado refere-se à peculiaridade da evangelização com os bebês que, diferentemente dos outros ciclos da evangelização, necessitam da participação dos pais ou responsáveis em sala, presença que, além de favorecer o conforto emocional de ambos, constrói o hábito do olhar sensível ao desenvolvimento espiritual do filho e ao compromisso educativo assumido com a Providência divina. Mediante a especificidade das ações com crianças até dois anos, e por não caracterizar atividade de berçário, mas de ação evangelizadora com a família, enfatiza-se o adequado perfil e preparo dos evangelizadores, que deverão estar atentos à dinâmica interativa dos bebês com seus familiares e à organização do espaço evangelizador atrativo, seguro e acolhedor.

Ressalta-se, por fim, que a diversidade das configurações etárias não deve prescindir do necessário planejamento e da adequada organização das atividades oferecidas no Centro Espírita, devendo-se primar por sua qualidade doutrinária, relacional, pedagógica e organizacional junto às crianças e às famílias participantes.

d.3) Estrutura organizacional

> *A Casa Espírita, através das suas diversas atividades doutrinárias, mediúnicas, educacionais e assistenciais, compromete-se a ensinar e viver a doutrina codificada por Allan Kardec. Tarefas essas todas grandiosas e de valor incontestável. No setor doutrinário-educacional, a obra se agiganta quando dirigida às gerações novas [...].*
> JOANNA DE ÂNGELIS (DUSI, 2015)

A Instituição Espírita é uma organização, um verdadeiro organismo vivo, por reconhecer que sua potência deriva dos indivíduos que dela participam e da real capacidade de atuar de forma articulada e sistêmica, direta ou indiretamente, com os trabalhadores de ambos os planos da vida.

A assertiva de Bezerra de Menezes[9] é magna ao nos propor que:

> Recordemos, na palavra de Jesus, que "a casa dividida rui", todavia ninguém pode arrebentar um feixe de varas que se agregam numa união de forças. Unificação, sim. União, também. Imprescindível que nos unifiquemos no ideal espírita, mas que, acima de tudo, nos unamos como irmãos.

---

9 Mensagem psicofônica recebida pelo médium Divaldo P. Franco, na noite de 20 abr. 1975, na sessão pública da Federação Espírita Brasileira, Seção Brasília, DF. Publicada na revista *Reformador*, fev. 1976.

A perspectiva sistêmica da organização é defendida por reconhecidos pesquisadores, como é o caso de Peter Senge (2008), que, em sua visão humanista, propõe o paradigma de organizações formadas por pessoas que expandem, continuamente, sua capacidade de criar os resultados que desejam, buscam permanentemente avançar em seus padrões de comportamento, sempre unidos por uma aspiração coletiva, num exercício contínuo de aprenderem juntas. Afirma que "as organizações só aprendem através de indivíduos que aprendem" e que "grandes equipes são organizações que aprendem, conjuntos de indivíduos que aprimoram, constantemente, sua capacidade de criar, e a verdadeira aprendizagem está intimamente relacionada com o que significa ser humano". Por fim, conclui que "o raciocínio sistêmico está sempre nos mostrando que o todo pode ser maior que a soma das partes".

Nesse sentido, tendo como referência os postulados doutrinários e as contribuições dos pesquisadores, consideramos que a estrutura organizacional de um setor/departamento/área objetiva a organização de meios para que se alcancem os fins propostos para determinada tarefa. Assim, a tarefa junto às crianças nos Centros Espíritas, como ação vinculada à Área de Infância e Juventude, não pode prescindir de uma estrutura que favoreça seu funcionamento harmônico e integrado aos objetivos da Instituição.

Visto que "a especialidade da tarefa não se compraz com improvisações descabidas" (BEZERRA DE MENEZES – DUSI, 2015), o trabalho requer a caracterização dos aspectos que constituem a realidade local, incluindo o conhecimento do público, das condições materiais e humanas ao desenvolvimento da tarefa, bem como uma programação adequada e condizente com a realidade da Instituição, podendo-se incluir, nesse sentido, dentre outras ações:

» Estruturação dos setores/coordenações de apoio/núcleos e equipes de trabalho (organograma);

» Definição de datas e horários dos encontros semanais (cronograma);

» Definição de datas e horários dos eventos relacionados ao setor de infância e aos demais setores dos Centros Espíritas, favorecendo a integração;

» Definição de datas e horários dos encontros de preparação doutrinária e pedagógica (inicial e continuada) voltados para os evangelizadores;

» Programação temática dos encontros;

- » Planejamento e avaliação das atividades desenvolvidas;
- » Organização do espaço físico e logística para os encontros;
- » Organização de rede de comunicação periódica com os participantes (interna, voltada às crianças, familiares e aos colaboradores do setor) e de divulgação e compartilhamento das ações (externa, voltada aos demais públicos e setores da instituição);
- » Organização de momentos de confraternização, inclusive com a participação da família;
- » Registro das atividades desenvolvidas pelo setor/departamento/área, para fins de arquivo e memória;
- » Organização de registros e autorizações dos responsáveis referentes às crianças evangelizandas;
- » Integração com as diferentes áreas e/ou setores da Instituição Espírita.

Uma organização adequada e integrada proporciona sincronia de ações e atua como real catalisadora dos meios e potencializadora dos fins, favorecendo maior dinamismo e qualidade à tarefa.

Naturalmente, a estrutura organizacional dos Centros Espíritas e da atividade de evangelização pode variar da mais simples à mais complexa, devendo-se, contudo, garantir a oportunidade de espaços de real fraternidade e de organização e realização da tarefa, com vistas ao alcance dos seus objetivos.

Dessa forma, há Centros Espíritas que dispõem de um Departamento de Infância e Juventude, sob a gestão de um diretor, cujo setor de infância é integrado por um coordenador, por uma equipe de evangelizadores e por núcleos de apoio, como música, secretaria, integração, material didático, assessoramento pedagógico-doutrinário, família, dentre outros que oferecem suporte à realização da tarefa. Há outros Centros que se estruturam com um coordenador e evangelizadores, e outros, ainda, com apenas um coordenador, dependendo das possibilidades de recursos humanos e físicos da Instituição.

Destaca-se, contudo, que a variação das estruturas organizacionais não deve representar variação na qualidade da tarefa de evangelização nos Centros Espíritas, garantindo-se momentos de real estudo e vivência da Doutrina Espírita em um ambiente acolhedor e fraterno.

Para tanto, a sensibilização dos dirigentes quanto à relevância da ação evangelizadora junto à criança faz-se fundamental para a adequada compreensão da tarefa e apoio à sua realização, conforme nos aponta Francisco Thiesen:

> Compreendendo que a tarefa da evangelização espírita-cristã é de primacial importância, o dirigente da Casa Espírita se sentirá envolvido com o labor nobilitante, dispondo-se a brindar toda a cooperação necessária ao êxito do mesmo, o que implica resultado positivo de sua administração, que não descuida dos tarefeiros do porvir [...] (DUSI, 2015).

d.4) A integração das diferentes áreas e atividades no Centro Espírita

> *[...] uma Instituição Espírita representa uma equipe de Jesus em ação e, como tal, deverá concretizar seus sublimes programas de iluminação das almas, dedicando-se com todo empenho à evangelização da infância e da mocidade.*
> BEZERRA DE MENEZES (DUSI, 2015)

"Equipe de Jesus em ação". Essa é a definição de Instituição Espírita dada por Bezerra de Menezes em mensagem datada de 1982, que aborda a relevância da tarefa de evangelização espírita infantojuvenil.

Sintética e completa, tal definição convida todos os trabalhadores espíritas a uma ação conjunta e integrada, fortalecida nos ensinos do Evangelho de Jesus e dinamizada pelo espírito de união que deve permear o estudo, a prática e a difusão da Doutrina Espírita.

O conjunto das nobres ações realizadas pelos Centros Espíritas encontra ressonância no coração de todos os que buscam o Espiritismo, desde a tenra idade, e abrange a sociedade em geral. Por sua vez, as áreas de atuação do Centro Espírita mobilizam-se em suas especificidades e são convidadas à ação integrada, visto que as interfaces não apenas evidenciam sua proximidade, mas também fortalecem a rede institucional para melhor acolher, consolar, esclarecer e orientar todos aqueles que buscam a Instituição.

Nesse sentido, a equipe de atendimento espiritual, por exemplo, realiza ação complementar à tarefa de evangelização ao oferecer o acolhimento, o passe, o diálogo fraterno aos que solicitam e a orientação para a realização do Evangelho no lar. Quando solicitada, a equipe mediúnica pode colaborar no auxílio espiritual aos participantes da evangelização, enquanto o Estudo Sistematizado da Doutrina Espírita representa campo de preparação de novos trabalhadores da Instituição e auxilia no acolhimento e na transição dos jovens aos demais grupos de estudo oferecidos. A Área de Infância e Juventude atua, em muitas situações, em parceria com a Área de Assistência e Promoção Social, especialmente na organização das atividades de evangelização junto às crianças e jovens que participam das ações assistenciais, a qual se apresenta, por vezes, como ponto de chegada das crianças e jovens à Instituição e campo de trabalho para o jovem colaborador. A Área de Comunicação Social, além de promover a divulgação, por suas diferentes mídias, das atividades realizadas na evangelização, serve, igualmente, como espaço de ação jovem, visto representar área de significativo domínio e interesse da juventude.

No que tange à evangelização da criança e do jovem, Bezerra de Menezes (DUSI, 2015) ressalta, ainda, a necessária mobilização e o empenho de todos — responsáveis pelas Instituições Espíritas, evangelizadores, jovens voluntários e demais colaboradores — para sua adequada realização, ao afirmar:

> Os responsáveis pelos Centros, Grupos, Casas ou Núcleos espiritistas devem mobilizar o maior empenho e incentivo, envidando todos os esforços para que a evangelização de crianças e jovens faça evidenciar os valores da fé e da moral nas gerações novas. É necessário que a vejam com simpatia como um trabalho integrado nos objetivos da Instituição e jamais como atividade à parte.

Nesse sentido, o compartilhamento de informações e agendas, a construção conjunta de ações integradas e, especialmente, a reciprocidade de apoio e auxílio tendem a fortalecer a Instituição Espírita e proporcionar o alinhamento e o crescimento do trabalho.

d.5) Planejamento, acompanhamento e avaliação

> *[...] a especialidade da tarefa* não se compraz com improvisações descabidas, *[...] razão pela qual os servidores integrados na evangelização devem buscar, continuamente, a atualização de conteúdos e*

> *procedimentos didático-pedagógicos, visando a um melhor rendimento, em face da economia da vida na trajetória da existência, considerando-se que, de fato, os tempos são chegados...*
> Bezerra de Menezes (DUSI, 2015)

Momentos de estudo e planejamento são essenciais para a qualidade da prática evangelizadora. Planejar constitui uma ação estratégica de programação e previsão de ações que podem ser desenvolvidas para o alcance de determinados objetivos. A eficiência de um planejamento nos espaços de estudo doutrinário e vivência do Evangelho voltados para a infância está diretamente relacionada à sua organização, que deve contemplar importantes elementos em sua construção. Nesse sentido e a título de contribuição, o planejamento de qualquer ação para a infância deve:

» Ter como finalidade e base o estudo da Doutrina Espírita e a vivência do Evangelho de Jesus;

» Ser construído com foco na criança, público-alvo da ação, em sua relação com o próximo, valendo-se das potencialidades do evangelizador na condição de mediador;

» Considerar demandas, interesses, potencialidades, necessidades e talentos das crianças que participam das atividades no Centro Espírita, de forma a promover momentos ativos de estudo e trabalho no bem;

» Ser organizado com foco nos objetivos da ação (o que alcançar/elemento norteador da ação), de onde derivam as formas para alcançá-los (elemento estratégico e metodológico da ação);

» Considerar a realidade de recursos humanos e físicos para sua efetivação;

» Apresentar coerência entre os objetivos, conteúdos, metodologia e forma de avaliação das atividades;

» Conciliar e adequar os objetivos aos conteúdos, os métodos aos recursos, as atividades à gestão do tempo;

» Apresentar flexibilidade em sua realização, considerando possíveis variáveis que venham a interferir no processo.

Visando promover às crianças momentos atrativos e alinhados aos objetivos da tarefa assumida de forma não improvisada, sugere-se que reuniões periódicas de planejamento entre evangelizadores sejam programadas nas Instituições Espíritas, oportunizando a adequada organização dos encontros e eventos futuros, bem como de avaliação das ações já realizadas.

Esses espaços de preparação, de periodicidade semanal, quinzenal ou mensal, representam momentos especiais de compartilhamento de experiências exitosas, desafios e dificuldades, e propiciam a construção coletiva de ações e soluções, bem como o fortalecimento dos laços entre os trabalhadores, garantindo a melhoria permanente do trabalho. Tais espaços de planejamento subsidiam-se, ainda, na avaliação periódica da tarefa, nas percepções dos evangelizadores e nas falas e no engajamento das próprias crianças durante os encontros de evangelização, cujas sinalizações podem auxiliar no direcionamento das ações.

Ações como visita a outros grupos de evangelização no próprio Centro Espírita ou em outras instituições, além de promover a integração, tendem a favorecer o conhecimento de outras experiências e a criar oportunidades de ação colaborativa entre evangelizadores/coordenadores, fortalecendo e enriquecendo as práticas a serem planejadas.

No que se refere ao planejamento dos encontros regulares de evangelização junto às crianças, alguns passos, a seguir apresentados, mostram-se importantes e podem auxiliar os evangelizadores na condução das ações evangelizadoras:

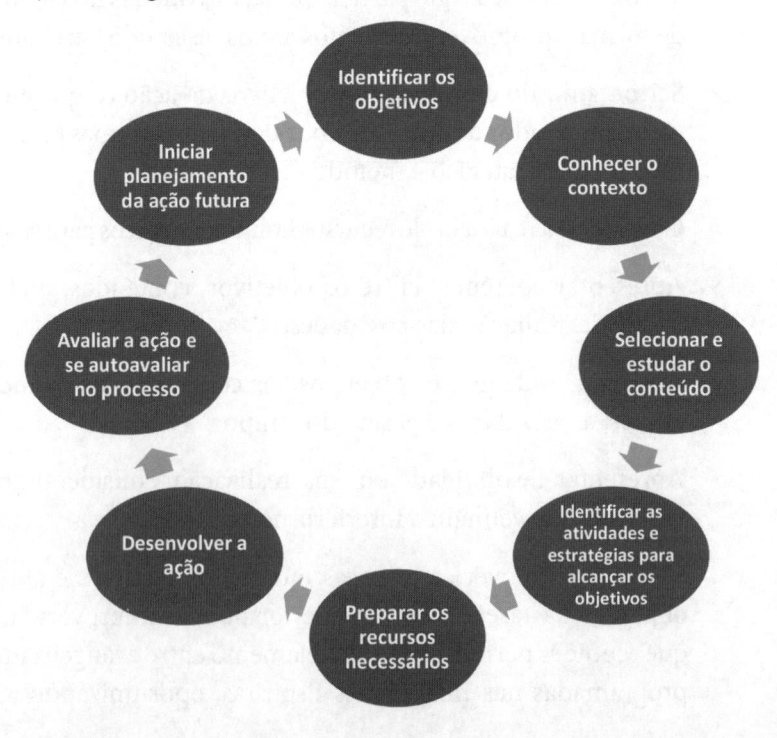

- Identificar os objetivos
- Conhecer o contexto
- Selecionar e estudar o conteúdo
- Identificar as atividades e estratégias para alcançar os objetivos
- Preparar os recursos necessários
- Desenvolver a ação
- Avaliar a ação e se autoavaliar no processo
- Iniciar planejamento da ação futura

Dentre os benefícios do planejamento, destacamos:

» Contribui para o alcance dos objetivos propostos;
» Permite tomar decisões refletidas e fundamentadas;
» Favorece um maior conhecimento dos participantes;
» Evita a repetição e a improvisação;
» Favorece a organização do tempo e do espaço;
» Garante maior eficiência e segurança na condução das mediações;
» Garante economia de tempo e energia.

Ressalta-se, conforme já abordado, que planejar implica considerar a flexibilidade de sua execução, sem que isso represente engessamento, tampouco rigidez metodológica, mas roteiro que favoreça segurança e encadeamento de ideias e ações de forma aberta e flexível às variáveis e aos contextos.

O processo avaliativo integra, sob tal ótica, o *continuum* das ações de planejamento, constituindo, ao mesmo tempo, finalização de uma ação executada e ponto de partida para as ações futuras. Destaca-se seu caráter diagnóstico e formativo por considerar o processo educativo contínuo, com vistas a reorientações permanentes, representando suporte ao planejamento e à execução das atividades. Nesse sentido, compreende-se que todos os integrantes da tarefa, sejam crianças, evangelizadores, coordenadores, dirigentes ou familiares, beneficiam-se com os resultados avaliativos das ações desenvolvidas na Instituição Espírita, visto que redundarão no permanente aprimoramento das atividades oferecidas.

2.7 Espaços de ação com a criança

Quando examinamos a vida de Jesus e desejamos homenageá-lo, recordamo-nos de que um único título Ele se permitiu: o de Mestre, porque o era. Educar, portanto, é seguir-lhe as pegadas luminosas, rompendo as algemas da ignorância e esparzindo a liberdade de movimentação espiritual pelos nobres caminhos do progresso.
Vianna de Carvalho (DUSI, 2015)

Diante das concepções que perpassam as ações evangelizadoras junto à infância, fundamentadas no presente documento, evidencia-se o necessário investimento no desenvolvimento integral da criança, respeitando-se os contextos socioculturais e as possibilidades locais.

A riqueza de possibilidades de experiências de aprendizado, convívio e integração junto às crianças nas Instituições Espíritas é evidente e, sob análise propositiva, identificamos espaços que possam promover e potencializar a sua participação, quais sejam: espaços de estudo doutrinário e vivência do Evangelho, de convivência familiar, de confraternização, de vivência e ação social, de comunicação social, de integração nas atividades espíritas do Centro Espírita e do Movimento Espírita.

Ressalta-se que o termo "espaço" não se refere apenas ao local ou à estrutura física de atendimento à criança e sua família, mas é concebido, sobretudo, em seu sentido amplo de momento, tempo, abertura, oportunidade e possibilidade de ação com as crianças.

a) Espaços de estudo doutrinário e vivência do Evangelho

> *Tomam, como ponto de partida, as experiências que já adquirimos e ajudam-nos a desenvolvê-las, gradualmente, sem ferir-nos os raciocínios mais agradáveis... não nos esmagam com a exposição maciça da sabedoria de que são portadores. Cercam-nos de cuidados e carinhos especiais, para que as nossas faculdades superiores germinem e cresçam.*
> Neio Lúcio (XAVIER, 2008b)

O espaço destinado ao estudo doutrinário e vivência do Evangelho com as crianças é o momento de sensibilização e de estímulo ao aprimoramento espiritual a partir do conhecimento e da vivência da Doutrina Espírita e dos ensinamentos de Jesus, em uma perspectiva contextualizada e integradora.

O estudo, na Instituição Espírita, é de extrema relevância e constitui-se num grande desafio. Allan Kardec, na introdução de *O livro dos espíritos*, it. XVII, ressalta que a doutrina espírita deve "[...] guiar os homens que desejem esclarecer-se, mostrando-lhes, nestes estudos, um fim grande e sublime: o do progresso individual e social e o de lhes indicar o caminho que conduz a esse fim", preconizando que "educação é conjunto de hábitos adquiridos" e, ainda, que "reconhece-se o verdadeiro espírita pela sua transformação moral e pelos esforços que emprega para domar suas inclinações más". Em outras palavras, na visão do Codificador, por meio do conhecimento espírita é que o homem se educará na conquista da renovação integral.

Na obra *Entre dois mundos*, psicografada por Divaldo Franco, Manoel Philomeno de Miranda relata a percepção dos Espíritos durante as atividades de evangelização em uma Instituição Espírita:

> Aos domingos, naquela Sociedade, além das atividades com as crianças e os jovens, também realizavam-se sessões de esclarecimentos para o público, quando se aplicavam recursos bioenergéticos aos necessitados de vária ordem, que a buscavam. Desse modo, muito bem assessorados, visitamos as salas, onde grupos de gárrulas crianças ouviam com incomum interesse as aulas bem elaboradas sobre as origens do ser, seu destino, suas responsabilidades e deveres, o amor e a fraternidade que dimanam da fonte inexaurível da Codificação Espírita... O conhecimento do Espiritismo na infância como na juventude constitui uma dádiva de invulgar significado pelos benefícios que propicia, preservando as lembranças das lições trazidas do mundo espiritual, bem como ampliando as áreas do discernimento, para que não tropecem com facilidade nos

obstáculos que se antepõem ao processo de crescimento interior. Pude observar, também, que algumas crianças perturbadas por adversários insanos, atendidas em classes especiais, recebiam, além das bases formadoras da educação espírita, os socorros específicos para libertá-las das injunções penosas em que encontravam... (FRANCO, 2013).

Tal relato aponta-nos a relevância da tarefa da evangelização na visão dos Espíritos, bem como os benefícios dos ensinamentos espíritas e da vivência evangélica às crianças e aos jovens que têm a oportunidade de participar das atividades oferecidas pelas Instituições Espíritas. Ao nos apresentar uma experiência da dimensão espiritual da tarefa, alerta-nos para a amplitude das ações realizadas, não mensuráveis, mas efetivamente reais e relevantes sob a ótica da Espiritualidade maior.

Os momentos de estudo doutrinário e vivência do Evangelho dedicados à infância estão em sintonia com os princípios educativos estabelecidos por Allan Kardec e despertam a criança para a harmonia consigo mesma, com o próximo e com Deus. Há que se cuidar, entretanto, da forma como tais momentos lhes são oferecidos, visto que, ao passo que o conhecimento doutrinário é fundamental para que a criança construa suas aprendizagens com base na compreensão espiritual da vida, tais conhecimentos precisam fazer sentido para ela e encontrar articulação com suas vivências cotidianas.

As atividades de evangelização com as crianças partem dos seus objetivos e finalidades (bússola), considerando-se as especificidades e singularidades do contexto, os interesses e as necessidades das crianças, percebidas pelo evangelizador — em seus aspectos morais, intelectuais, sociais, emocionais e espirituais —, para que os evangelizadores possam planejar e organizar roteiros (mapas) atrativos e condizentes com os ensinos de Jesus, considerando o papel ativo e integrado de todos os que trilham os caminhos da evangelização.

Para melhor compreensão, destacamos dois aspectos que precisam ser considerados no espaço de estudo doutrinário e vivência do Evangelho:

a.1) Organização temática

A organização temática dos espaços de estudo doutrinário e vivência do Evangelho deve primar por conteúdos que instiguem a curiosidade e proporcionem a contextualização à vida cotidiana dos evangelizandos.

Para tanto, é fundamental que o evangelizador articule, de forma criativa, prazerosa e contextualizada, os objetivos da evangelização espírita e os interesses e necessidades das crianças, sob a perspectiva do grupo e das múltiplas individualidades que participam da ação evangelizadora, buscando conhecer e sentir a sua turma, identificar o que as crianças sabem, de que mais gostam, o que gostariam de aprender, o que será importante vivenciarem, suas necessidades, de modo a construir uma programação doutrinária de estudos baseada nos objetivos da ação evangelizadora e na realidade das próprias crianças.

Sob tal perspectiva, a construção e o desenvolvimento de projetos educacionais que contemplem orientações curriculares e núcleos temáticos — sejam estes anuais, semestrais, bimestrais — devem primar pela adequada fundamentação doutrinária, pela observação e escuta do grupo e pela flexibilidade, de modo a considerar adequações ao longo do percurso. A elaboração de tal cronograma temático exige o olhar zeloso da equipe de evangelizadores e o hábito da escuta avaliativa, que fornecerão informações essenciais para a seleção e o sequenciamento de temas de estudo.

Para a organização de um cronograma temático, as equipes de evangelizadores podem, com foco nos objetivos e no conhecimento do perfil do grupo, valer-se dos resultados das avaliações realizadas em ano anterior, bem como de experiências vivenciadas por outros grupos, adaptando-os à realidade da turma.

Dentre as várias possibilidades de planejamento, a equipe de evangelizadores pode, ainda, desenvolver uma organização temática introdutória para as primeiras semanas de evangelização, aproveitando os encontros iniciais para a observação zelosa do perfil do grupo, de suas necessidades e interesses, realizando uma leitura de contexto que lhe servirá de base para a conclusão posterior de um cronograma temático ampliado ou anual. Nesse processo, os evangelizadores podem definir as estratégias de observação/sondagem do grupo, proceder à análise das informações e organizar as atividades a serem desenvolvidas.

Promover encontros que façam sentido e tenham significado para a criança e o evangelizador torna-se, por vezes, desafiador e convida-o a um planejamento criativo e cuidadoso. Fazer sentido para a criança é considerar suas necessidades e interesses; ter significado para o evangelizador é planejar encontros com foco no objetivo da tarefa e no grupo de crianças, *sentindo-se* em cada etapa de construção do planejamento, visto que "toda aula deve nascer do sentimento", conforme nos ensina André Luiz (XAVIER, 2010a).

Tal ação inspira-se, ainda, em Comenius (1592-1670), ao afirmar que:

> [...] a verdadeira educação acontece quando as informações e o conhecimento fazem sentido, tanto para quem as transmite quanto para quem as recebe. É preciso haver interação maior dos agentes da ação educativa, pois a educação é um processo dinâmico que requer um educador agente e um educando participativo, visando à construção de uma sociedade justa e fraterna.

Diante dessas reflexões, sugerimos que o evangelizador, com o acompanhamento do seu coordenador e/ou diretor, construa os planejamentos dos encontros a partir da articulação dos ensinamentos do Cristo à luz da Doutrina Espírita e da escuta sensível das crianças, considerando o contexto social do Centro Espírita de que participa e envolvendo-se espiritualmente com as atividades propostas.

A organização do conteúdo pode ser feita para um período de tempo flexível, podendo o número de encontros ser estendido ou condensado, de acordo com a necessidade de aprofundamento da turma. Podem-se utilizar, se necessário, como subsídio ao evangelizador e como material de estudo e pesquisa, programas já existentes, apostilas e materiais de referência doutrinária, cuidando para que a proposta construída com as crianças seja realmente legitimada e o discurso seja coerente com a prática.

Destaca-se, nesse sentido, que todos os planejamentos são, por essência, personalizados e preparados de modo específico para determinado grupo, em determinado ano, considerando-se as múltiplas variáveis que influenciam a dinâmica dos encontros de evangelização, mesmo que se utilizem, como fonte de inspiração ou referência, planejamentos de estudos já desenvolvidos em momentos anteriores.

Apresentamos a seguir, a título de sugestão, alguns núcleos temáticos acompanhados de conteúdos doutrinários correspondentes, fundamentados em *O livro dos espíritos* e nas demais obras da Codificação, devendo-se observar, em sua seleção e organização, faixas etárias, interesses e necessidades evidenciadas por cada grupo em particular:

PROPOSTAS DE NÚCLEOS TEMÁTICOS

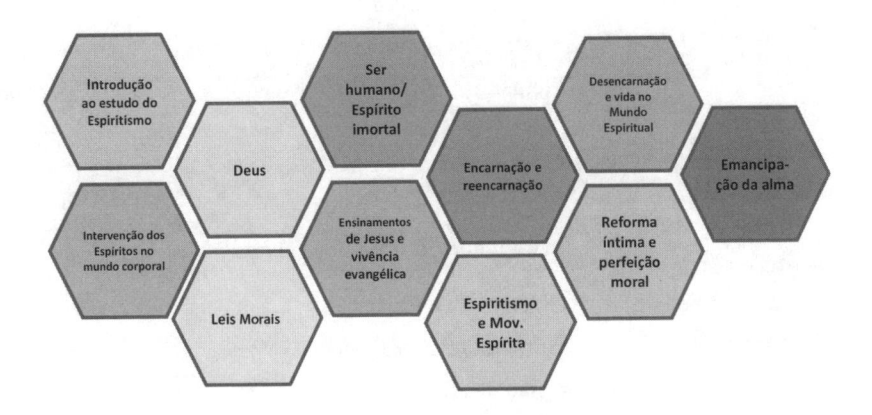

- Introdução ao estudo do Espiritismo
- Ser humano/Espírito imortal
- Desencarnação e vida no Mundo Espiritual
- Deus
- Encarnação e reencarnação
- Emancipação da alma
- Intervenção dos Espíritos no mundo corporal
- Ensinamentos de Jesus e vivência evangélica
- Reforma íntima e perfeição moral
- Leis Morais
- Espiritismo e Mov. Espírita

Núcleos temáticos	Propostas de conteúdos doutrinários
Introdução ao estudo do Espiritismo	a. Doutrina Espírita: ensinos fundamentais b. Tríplice aspecto: ciência, filosofia e religião c. Allan Kardec: educador e codificador d. As obras básicas e a metodologia da codificação
Deus	a. Provas da existência de Deus b. Atributos da divindade e Providência divina c. Deus na visão de Jesus d. Criação divina • Elementos gerais do universo: Espírito e matéria • Fluido cósmico universal • Princípio vital: seres orgânicos e inorgânicos; inteligência e instinto • Reinos da natureza • Mundo material e mundo espiritual e. Comunhão com Deus: • Fé raciocinada • Prece e a oração Pai-Nosso

Núcleos temáticos	Propostas de conteúdos doutrinários
Ser humano — Espírito imortal	a. Origem e natureza dos Espíritos b. Existência e sobrevivência do Espírito c. Elementos constitutivos do ser humano: corpo, perispírito e Espírito d. Escala espírita e. Progressão dos Espíritos f. Pluralidade dos mundos habitados
Encarnação e reencarnação	a. Objetivo da encarnação b. Pluralidade das existências c. União da alma e do corpo d. Simpatias e antipatias terrenas e. Cuidados com o corpo e com o Espírito f. Valorização e sentido da oportunidade reencarnatória
Desencarnação e vida no Mundo Espiritual	a. Desencarnação b. Vida no Mundo espiritual
Emancipação da alma	a. Sono e sonhos b. Visitas espíritas entre pessoas vivas c. Transmissão do pensamento

Intervenção dos Espíritos no mundo corporal e comunicabilidade dos Espíritos	a. Intervenção dos Espíritos no mundo corporal
	  • Influência dos Espíritos em nossos pensamentos e atos
	  • Anjos da guarda, Espíritos protetores, familiares ou simpáticos
	  • Influência dos Espíritos nos acontecimentos da vida
	  • Ação dos Espíritos sobre os fenômenos da natureza
	b. Mediunidade
	  • Finalidades e mecanismos das comunicações mediúnicas
	  • Tipos de médiuns e mediunidade
	  • Médiuns: qualidades essenciais e influência moral na comunicação

Núcleos temáticos	Propostas de conteúdos doutrinários
Ensinamentos de Jesus e vivência evangélica	a. Jesus e a Lei do Amor b. A vida de Jesus c. Parábolas e ensinos de Jesus d. As bem-aventuranças e o sermão da montanha • Bem-aventurados os aflitos: justiça das aflições • Bem-aventurados os pobres de espírito: o orgulho e a humildade • Bem-aventurados os que têm puro o coração: simplicidade e pureza de coração • Bem-aventurados os que são brandos e pacíficos: injúrias e violências, afabilidade e doçura, paciência, obediência e resignação, cólera • Bem-aventurados os que são misericordiosos: perdão e indulgência e. Personagens do Cristianismo f. Propagação do Cristianismo g. Jesus na atualidade e a atualidade de Jesus
Reforma íntima e perfeição moral	a. Conhecimento de si mesmo • Educação dos sentimentos e das emoções • As virtudes e os vícios • Sexualidade b. Felicidade e infelicidade relativas c. Caracteres do homem de bem d. A nova geração e a implantação do bem na Terra

Núcleos temáticos	Propostas de conteúdos doutrinários

Leis Morais	a. Lei divina ou natural: o bem e o mal
	b. Lei de adoração: a prece
	   • Eficácia da prece
	   • Mecanismo e ação da prece
	c. Lei do trabalho:
	   • Necessidade do trabalho e o repouso
	d. Lei de reprodução:
	e. Lei de conservação:
	   • Instinto e meios de conservação
	   • O necessário e o supérfluo: o consumismo
	   • Sustentabilidade e meio ambiente
	f. Lei de destruição:
	   • Destruição necessária e abusiva
	   • Flagelos destruidores, guerras e mortes coletivas
	g. Lei de sociedade:
	   • Vida social
	     – Laços de amizade
	     – Conduta espírita na sociedade
	     – Conduta espírita nas redes sociais e relacionamentos virtuais
	     – A criança e o jovem como agentes de transformação social
	   • Vida familiar
	     – A importância da família para a evolução do Espírito
	     – Significados dos laços de família
	     – Conduta espírita no lar
	     – Reunião de estudo do Evangelho no lar
	     – Família corporal e espiritual
	h. Lei do progresso:
	   • Evolução científica e evolução moral
	   • A transição do planeta
	i. Lei de igualdade:
	   • Desigualdades sociais
	   • Respeito à diversidade
	   • Tolerância religiosa
	j. Lei de liberdade:
	   • Livre-arbítrio e lei de causa e efeito
	k. Lei de justiça, amor e caridade:
	   • Justiça e direitos naturais
	   • Caridade e amor ao próximo

Núcleos temáticos	Propostas de conteúdos doutrinários
Espiritismo e Movimento Espírita	a. Fenômenos que antecederam a codificação: Hydesville e as mesas girantes b. Personalidades do Espiritismo c. Missão espiritual do Brasil d. Doutrina Espírita e Movimento Espírita e. Movimento Espírita Brasileiro e Internacional f. O Centro Espírita e suas finalidades g. A integração da criança e do jovem nas atividades espíritas/convite ao protagonismo

Os núcleos temáticos sugeridos podem se desdobrar em temas doutrinários, de caráter abrangente, os quais podem acolher inúmeros assuntos cotidianos demandados diretamente pelas crianças, procedendo-se à adequada contextualização e fundamentação doutrinária (vide item "Contextualização e reflexão crítica" deste documento), sempre baseada nos aspectos científico, filosófico e religioso da Doutrina Espírita, de modo indissociável. Nesse sentido, pode-se optar por temas cotidianos, fundamentando-os doutrinariamente, ou por temas doutrinários, contextualizando-os ao cotidiano, primando-se pela garantia da ponte conectora da Doutrina Espírita à vida do evangelizando.

Compreende-se que a diversidade contemplada nos núcleos temáticos propostos e a interconexão natural dos temas favorecem uma visão abrangente da Doutrina Espírita e possibilitam a flexibilidade de inserção e abordagem de inúmeros assuntos, bem como a construção de espaços de estudo dinâmicos, contextualizados e bem fundamentados.

Em síntese, no que se refere à organização e ao planejamento dos temas...

» A organização temática e sua abordagem devem primar pela articulação de relevantes aspectos, como: i) o interesse cotidiano das crianças como referência de conexão com o contexto em que estão inseridas; ii) o melhor entendimento dos acontecimentos contemporâneos sob a ótica da Doutrina Espírita; iii) as diferenças e especificidades das diversas faixas etárias e a capacidade de compreensão dos diferentes conceitos; iv) a diversidade sociocultural do país; v) a linguagem adequada para fazer convergir os itens anteriores na direção do objetivo de aprendizagem que se deseja.

» No que tange à abordagem temática, os evangelizadores devem estar atentos aos eixos estruturantes da tarefa, de modo a favorecer a adequada contextualização e a proporcionar o conhecimento doutrinário, o aprimoramento moral e a transformação social, em consonância com os princípios doutrinários, contemplando a formação integral do indivíduo e alcançando instâncias do conhecimento, do sentimento e da ação (cabeça, coração e mãos), sob a perspectiva da fé raciocinada, da prática da caridade e da consciência do sentido da vida.

» No que se refere ao desenvolvimento dos temas, ressalta-se que sua organização deve atender aos objetivos da tarefa, bem como às necessidades demandadas pelo grupo, sugerindo-se um planejamento anual, semestral ou bimestral que favoreça a qualidade dos momentos de Evangelização e a efetividade do seu caráter educativo. Nessa perspectiva, a seleção e a sequência dos temas são adaptáveis às diferentes realidades, devendo-se primar, contudo, por sua organização lógica, por sua fundamentação doutrinária, pela contextualização à realidade das crianças e por seu dinamismo metodológico. Em tal organização, pode-se identificar que um determinado tema necessite ser trabalhado em um ou mais encontros, de forma específica ou associada a outros temas, dependendo do enfoque e aprofundamento conduzido pelo evangelizador/coordenador. O planejamento anual pode contemplar, ainda, temas livres semestrais, trimestrais ou bimestrais, demandados pelas crianças, para serem estudados e desenvolvidos nos grupos da evangelização.

» Para alcançar esse conjunto de intenções, a formação continuada de evangelizadores/coordenadores apresenta-se como espaço privilegiado de organização, planejamento e compartilhamento de roteiros de estudo e propostas de atividades, potencializando a ação evangelizadora em nível local ou regional.

a.2) Metodologia

Ao se trabalhar um tema, deve-se considerar, além da sua forma de organização, a maneira como esse conhecimento é elaborado pela criança. A forma atrativa, contextualizada com seus interesses e necessidades é que promoverá a participação ativa e o envolvimento de todo o grupo de crianças.

As *vivências*, os *jogos cooperativos*, as *experiências*, as *brincadeiras* e as *histórias* são formas de aprender que tocam a criança, sensibilizando-a, estimulando os aspectos cognitivo, social, emocional e afetivo, e levando-a a se perceber como ser espiritual.

As *atividades artísticas* são atividades de criação que sensibilizam o espírito para o belo e para o bom; a música, o teatro, a poesia, as artes plásticas são recursos imprescindíveis para atingir o coração da criança e promover uma aprendizagem significativa dos ensinamentos do Cristo e da Doutrina Espírita.

As *aprendizagens junto à natureza* possibilitam à criança compreender os processos da Criação divina articulados com seu próprio desenvolvimento evolutivo, visto que o contato com a natureza promove o envolvimento da criança com a Criação, estimulando a aprendizagem do amor e do respeito com os seres da natureza.

Destaca-se, ainda, a abordagem de temas por meio de *projetos*, que se caracterizam por uma organização específica do trabalho pedagógico, considerando uma previsão temporal e a socialização de conhecimentos. Os projetos, além de favorecerem o estudo e a pesquisa por diferentes ciclos e turmas, promovem o fortalecimento dos vínculos evangelizador-evangelizando e entre as próprias crianças, permitindo o estudo aprofundado de temas específicos de interesse do grupo ou de relevância histórica e cultural, usualmente transversais ao cronograma anual. Dentre os temas possíveis, exemplificamos projetos como "Personalidades do Espiritismo", "Virtudes do homem de bem", "Campanha de valorização da vida", "Campanha viver em família", "Evangelho no lar e no coração", "As bem-aventuranças", dentre vários outros.

Somam-se a tais estratégias as reflexões consideradas no item "Qualidade Pedagógica" do presente documento como fonte a inspirar novas e criativas formas de aproximação da mensagem de Jesus à luz da Doutrina Espírita, dos corações, mentes e mãos das crianças que trilham conosco os caminhos da evangelização.

Verifica-se, com base nas fundamentações ora apresentadas, que, para o alcance dos objetivos evangelizadores, o espaço de estudo doutrinário e vivência do Evangelho deverá contemplar a articulação dos três eixos de formação integral — o sentir, o pensar e o fazer —, anteriormente abordados no documento, privilegiando as vivências significativas em interações com o próximo, com Deus e consigo mesmo, de modo a promover, em especial, o aprimoramento moral da criança.

b) Espaços de convivência familiar

> *A evangelização infantojuvenil vem produzindo resultados positivos e relevantes na família, em face da preparação das crianças e dos jovens que se dispõem aos enfrentamentos com estrutura mais bem trabalhada, despertando nos pais e nos evangelizadores o justo júbilo que não pode ser medido pelos métodos convencionais, já que têm caráter qualitativo-quantitativo, com pesos específicos de significado vertical para Deus e não apenas horizontal na direção da sociedade.*
> FRANCISCO THIESEN (DUSI, 2015)

A promoção de espaços de convivência familiar no Centro Espírita representa relevante ação com vistas ao fortalecimento dos vínculos entre seus membros, bem como entre estes e a Instituição Espírita. A família representa público atendido pela Área de Infância e Juventude no que tange ao fortalecimento da ação evangelizadora, na abordagem de temas familiares à luz da Doutrina Espírita e na parceria do processo de formação espiritual das crianças. Compreende-se que a família constitui público da Instituição Espírita em sua totalidade, cabendo-lhe a implementação de ações mediante as especificidades de cada campo de atuação.

A formação moral, em especial a busca do desenvolvimento da espiritualidade, inicia-se no lar, fortalece-se em ações como o Evangelho no lar e estende-se para a Instituição Espírita, em ações como os grupos de família. O exemplo é educador por excelência, portanto, ao constatar a satisfação e o valor que os pais atribuem ao espaço evangelizador, a criança colherá referências primorosas que pesarão, de forma determinante, em suas escolhas de vida presente e futura.

O Espiritismo bem compreendido é fonte bendita para o desempenho da missão da paternidade, da maternidade e da fraternidade, considerando a complexidade de contextos e as diversidades que compõem as histórias de vida em família, inclusive as de ordem ideológica e religiosa, primando-se pelo exercício do respeito mútuo.

Portanto, momentos de estudo, confraternização, encontros em espaços externos e trabalho compartilhado em família podem ressignificar o desafio de Espíritos que estão sendo convidados, pela lei do progresso, a caminharem juntos e a se apoiarem mutuamente para lograrem êxito no cumprimento do planejamento reencarnatório, considerando que a família constitui laboratório inicial de aprendizagens, formação do caráter e construção de valores essenciais.

Outro aspecto a ser considerado é o papel dos pais na evangelização da criança. Allan Kardec, em *O evangelho segundo o espiritismo*, cap. XIV, it. 9, elucida que:

> Desde pequenina, a criança manifesta os instintos bons ou maus que traz da sua existência anterior. A estudá-los devem os pais aplicar-se [...]. Espreitem, pois, os pais os menores indícios reveladores do gérmen de tais vícios e cuidem de combatê-los [...].

O comprometimento dos pais e da família com a evangelização é maior quando há a efetiva participação no processo evangelizador da criança. "Fazer parte" é possibilitar o "assumir o compromisso". Pais que participam dos momentos de evangelização dos filhos demonstram maior sensibilidade para acolher o Espírito reencarnado em suas características e potencialidades, possibilitando que eles percebam com antecedência "[...] os menores indícios reveladores do gérmen de tais vícios e cuidem de combatê-los, sem esperar que lancem raízes profundas" (KARDEC, 2004).

Portanto, é oportuno que o espaço de convivência familiar possa ser também um momento de aproximação dos pais com a evangelização, fortalecendo-se as ações em grupos/ciclos de pais/familiares, grupos de estudo de temas familiares à luz do Espiritismo e estimulando-se a participação na construção de projetos, programações, eventos e nas diversas atividades que envolvam seus filhos. Como partícipes do processo, reconhecem-se no trabalho e se envolvem, comprometidos com a evangelização, o que amplia as possibilidades de convivência no Centro Espírita.

c) Espaços de confraternização

Com o auxílio das novas luzes que o Espiritismo e os Espíritos espargem, o homem se reconhece solidário com todos os seres e compreende essa solidariedade; a caridade e a fraternidade se tornam uma necessidade social; ele faz por convicção o que fazia unicamente por dever e o faz melhor.

ALLAN KARDEC (2005a)

As ações confraternativas representam espaços de fortalecimento dos vínculos de integração, afeto e aprendizagem entre as crianças, colaboradores da evangelização e família. Espaços de confraternização podem ser criados com a finalidade de estudo conjunto, convívio e prática dos ensinamentos espíritas, favorecendo a integração entre as crianças de uma mesma Instituição Espírita e de outras.

Encontros, intercâmbios entre Instituições Espíritas, excursões ou visitas e confraternizações favorecem, ainda, à criança ampliar sua visão e o sentimento de pertencer a um projeto coletivo que transcende o espaço da Instituição Espírita que frequenta, vivenciando a dimensão do Movimento Espírita.

Consideram-se ainda relevantes as ações que envolvem encontros informais de confraternização entre as crianças, que favorecem o estreitamento dos laços de amizade e confiança entre os pares e podem ser estimulados e potencializados no âmbito das Instituições Espíritas, contando com a participação dos evangelizadores/coordenadores e dos responsáveis. Nesse sentido, encontros na casa de amigos, no cinema, em restaurante e lanchonete, prática de esportes, caminhada, piquenique, dentre outros programas e atividades, surgem como algumas das opções informais de confraternização entre crianças. Considerando que a ação evangelizadora extrapola os espaços formais de evangelização, tais momentos podem ocorrer de modo espontâneo ou podem ser promovidos pelos evangelizadores/coordenadores, sugerindo-se bom senso e coerência na escolha dos programas, de modo a garantir momentos de descontração, alegria e amizade, atentos à segurança física e espiritual das crianças.

d) Espaços de vivência e ação social

Evangelho no coração, coragem na consciência.
ANDRÉ LUIZ (XAVIER e VIEIRA, 2010)

A perspectiva do trabalho no bem apresenta possibilidades infinitas, diretamente proporcionais à vontade e à predisposição de fazer diferença em cada momento da vida. O processo de educação para a solidariedade é um convite à nossa condição de humanidade e a assumirmos responsabilidade com o processo de autoaprimoramento e de aprimoramento do meio social. Alinhados na causa do bem comum, nasce o compromisso de projetar um futuro de esperança. Sob tal perspectiva, o trabalho voluntário, na Casa Espírita e em diversos espaços sociais, é proposta educativa que desperta a autoestima, autoconfiança e talentos humanos revelados nas ações e no exercício de doar-se.

Ações sociais voltadas para a prática da caridade e transformação social são veículos de informação e afeto que mobilizam mentes e corações na direção do bem comum. Podemos citar, como exemplos, visitas a instituições de apoio e promoção social, participação em campanhas e ações coletivas voltadas para a defesa da vida e causas solidárias, como caminhadas e eventos inter-religiosos, que visam à promoção do diálogo e do respeito mútuo.

Os espaços de ação e vivência social representam, assim, momentos privilegiados de vivência espírita em diferentes contextos sociais, por meio da articulação entre os conhecimentos doutrinários (cabeça), a afetividade (coração) e as ações (mãos) direcionadas ao bem comum.

O estímulo à participação das crianças nas ações solidárias implica atenção à fase do seu desenvolvimento e o engajamento simultâneo e integrado das famílias, de modo a se oportunizarem vivências formativas e evangelizadoras nos espaços sociais. O exercício da empatia, o olhar sensível às necessidades do próximo e a conscientização sobre causas sociais são habilidades desenvolvidas gradual e continuamente. Cabe aos evangelizadores e pais o acompanhamento constante e a orientação adequada, respeitando os passos da criança em direção ao autoaprimoramento.

e) Espaços de comunicação social

> *O nosso é um trabalho que não cessará, porquanto estaremos sempre apresentando propostas novas e adequadas a cada época, sem fugirmos às bases do programa estabelecido, que são os pensamentos de Jesus e da Codificação, conforme no-la ofereceu Allan Kardec.*
> FRANCISCO THIESEN (1997)

O codificador Allan Kardec expressa, em todos os aspectos de sua obra, seu apreço pela educação, considerando-a como prioridade e diretriz para a organização do Consolador Prometido. Revela, ainda, que sua concepção vanguardista e inovadora de educar contempla a busca constante de novas metodologias, novas oportunidades e novas soluções para os sucessivos desafios que se apresentam ao educador.

É nessa perspectiva que vamos encontrar a necessária e fértil interface entre a evangelização e a comunicação social espírita — áreas há muito estruturadas no seio do Movimento Espírita, mas que muito têm a explorar, de modo integrado e colaborativo, na seara da edificação de hábitos cristãos.

Segundo os ensinamentos compilados por Allan Kardec na obra básica *A gênese*, sob o título *A geração nova*, estamos diante de Espíritos reencarnados que denotam notável precocidade na absorção de informações, com demandas crescentes por novos cenários, com imensas possibilidades de ação no mundo e também grande necessidade de ações evangelizadoras e moralizantes que aperfeiçoem e canalizem os talentos de que são portadores.

Nesse contexto, destacamos alguns aspectos que merecem atenção:

» As tecnologias e ferramentas de comunicação devem ser utilizadas permanentemente na evangelização da infância;

» Os evangelizadores de infância devem ser capacitados para a implementação das ferramentas de comunicação como recursos pedagógicos;

» É oportuna a adoção de ações evangelizadoras perante a infância, com a implementação de ações de divulgação do Espiritismo nos diversos meios e veículos de comunicação, de acordo com a realidade de cada célula de trabalho espírita;

» O interesse natural das crianças pela tecnologia e pela comunicação pode ser canalizado para a sua atuação como participantes e colaboradores em atividades do Centro Espírita;

» Os elementos que integram a ação evangelizadora espírita — a criança, o jovem, o evangelizador/coordenadores de infância e juventude, a família, o meio social — devem ser considerados no processo de comunicação social espírita, especialmente no que tange à característica da mensagem, linguagem e canais/mídias mais eficazes.

Reconhece-se o potencial dos conhecimentos e ferramentas de comunicação como recursos pedagógicos úteis para a construção de ações evangelizadoras, notadamente em relação às crianças e aos jovens. Muitos dos recursos de comunicação que fazem parte de nossa vida cotidiana podem ser aproveitados de modo simples e bem-sucedido nos encontros de evangelização da infância. Podemos mencionar, por exemplo, a fotografia, a filmagem e o uso de câmeras de vídeo; tecnologias e ferramentas de comunicação como a Internet e as mídias sociais.

f) Espaços de integração da criança nas atividades do Centro Espírita e do Movimento Espírita

> *[...] a expansão do Movimento Espírita no Brasil, em número e em qualidade, está assentada na participação da criança e do jovem, naturais continuadores da causa e do ideal.*
> BEZERRA DE MENEZES (DUSI, 2015)

Como escola da alma em sua relevante atribuição educativa, o Centro Espírita é mais um espaço de ação com a criança. Proporcionar o acolhimento à criança e à família de forma fraterna e alegre é zelar pela construção de um vínculo afetuoso com a Instituição, de modo abrangente, e com as diferentes áreas e atividades que nela se realizam.

A compreensão acerca do amplo sentido da evangelização da infância facilita sobremaneira o apoio dos dirigentes e demais trabalhadores, possibilitando que o trabalho com a criança seja valorizado e legitimado como base de transformação moral da humanidade.

A organização de espaços interativos, lúdicos e afetivos apropriados à criança tende a favorecer o seu bem-estar no Centro Espírita e estimula o sentimento de pertencimento à Instituição e ao grupo. Para além dos espaços específicos, a participação das crianças em alguns eventos e comemorações, abrindo espaços para sua atuação em convívio saudável com os demais trabalhadores e atividades, mostra-se válida e importante, favorecendo a integração entre todos os que participam da Instituição.

Sobre tal integração, têm-se observado, ainda, com relativa frequência, crianças que já desejam integrar-se e engajar-se como colaboradores voluntários em algumas atividades desenvolvidas no Centro Espírita, podendo-se oferecer espaços de colaboração, desde que com a autorização dos pais/responsáveis e mediante o contínuo acompanhamento e orientação.

Em âmbito maior, o Movimento Espírita também se inclui nesse espaço, pois permite a visão ampliada do Centro Espírita, em integração com as demais Casas Espíritas. Possibilitar encontros e confraternizações com as crianças e seus familiares em intercâmbio com outras

Instituições Espíritas, bem como disponibilizar espaços de atividades com elas em congressos e eventos espíritas, visando à integração de públicos diversos em ambiente de estudo e aprimoramento, é fortalecer e legitimar a perspectiva de se oferecer o estudo, a prática e a difusão da Doutrina Espírita a todos, indistintamente, proporcionando o encontro e a convivência intergeracional nas ações promovidas pelo Movimento Espírita.

PARTE 2

DIRETRIZES PARA A AÇÃO EVANGELIZADORA ESPÍRITA DA INFÂNCIA

[..] a tarefa da evangelização espírita infantojuvenil é do mais alto significado dentre as atividades desenvolvidas pelas Instituições Espíritas, na sua ampla e valiosa programação de apoio à obra educativa do homem.
Bezerra de Menezes (DUSI, 2015)

CAPÍTULO 1

BREVE HISTÓRIA

As ações federativas voltadas para a infância e para a juventude fundamentam-se nos documentos orientadores oriundos do Conselho Federativo Nacional e de sua Área de Infância e Juventude.

Considerando-se que o Movimento Espírita tem por missão promover e realizar o estudo, a divulgação e a prática da Doutrina Espírita junto a todos, o Plano de Trabalho para o Movimento Espírita Brasileiro 2013-2017 (FEB/CFN, 2012a) apresenta diretrizes e objetivos que abrangem todos os campos de ação federativa. Das oito diretrizes contempladas, sete apresentam implicação direta com as ações desenvolvidas pela Área de Infância e Juventude.

Inspirados e fundamentados no referido plano de trabalho, a Área de Infância e Juventude consolidou, em 2012, com a participação efetiva das 27 Entidades Federativas Estaduais, o Plano de Trabalho para a Área de Infância e Juventude 2012-2017 (FEB/CFN, 2012b), tendo como foco maior o pleno alcance dos objetivos da evangelização espírita infantojuvenil, organizados nas diretrizes:

1. Dinamização da campanha permanente de evangelização espírita infantojuvenil;

2. Capacitação dos trabalhadores da evangelização espírita infantojuvenil;

3. Organização e funcionamento da evangelização espírita infantojuvenil no Centro Espírita.

No ano de 2013, foi elaborado, também com a participação coletiva das Entidades Federativas de todos os estados do Brasil, o documento *Subsídios para a ação evangelizadora espírita da juventude*, de que derivou o documento *Diretrizes para as ações da juventude espírita do Brasil*, ambos em pleno desenvolvimento, difusão e estudo por parte dos jovens, evangelizadores e trabalhadores da seara espírita.

Ao longo do ano de 2014, as Entidades Federativas Estaduais foram convidadas a estudar a situação da criança e a da família no Centro Espírita e encaminhar contribuições, que foram consolidadas pela Área de Infância e Juventude do CFN/FEB e apresentadas durante a reunião ordinária do Conselho Federativo Nacional, no mês de novembro do mesmo ano.

Com base na multiplicidade de propostas e reflexões compartilhadas, as contribuições dos estados foram organizadas em princípios norteadores, de caráter basilar e transversal, e em diretrizes nacionais, de caráter operacional e abrangente, objetivando ao contínuo fortalecimento da tarefa nos Centros Espíritas e em âmbito federativo.

Em 2015, durante o VII Encontro Nacional da Área de Infância e Juventude, consolidaram-se, com a efetiva participação dos estados representados, o documento orientador da infância — *Orientação para a ação evangelizadora espírita da infância: subsídios e diretrizes* — e o documento orientador da juventude — *Orientação para a ação evangelizadora espírita da juventude: subsídios e diretrizes* —, submetidos e aprovados pelo Conselho Federativo Nacional do mesmo ano.

Como instrumento de organização de ações para o alcance dos objetivos comuns, o presente documento apresenta-se como estratégia de atuação favorável à ação federativa e dos Centros Espíritas, por fortalecer e potencializar a união e a unificação de propósitos na Área de Infância e Juventude, bem como por permitir a consolidação conjunta de diretrizes, objetivos e ações estratégicas por meio do intercâmbio de experiências e do apoio mútuo.

CAPÍTULO 2

PRINCÍPIOS NORTEADORES E DIRETRIZES NACIONAIS PARA AS AÇÕES COM A INFÂNCIA

Considerando-se:

a) A responsabilidade do Movimento Espírita de difundir a Doutrina Espírita por meio de seu estudo, prática e divulgação, colocando-a ao alcance de todos, indistintamente;

b) A abrangência do apoio das Entidades Federativas Estaduais junto às Instituições Espíritas da capital e do interior dos estados;

c) A busca do pleno alcance dos objetivos da evangelização, a saber:

- promover a integração do evangelizando consigo mesmo, com o próximo e com Deus;

- proporcionar o estudo da lei natural que rege o universo e da "natureza, origem e destino dos Espíritos bem como de suas relações com o mundo corporal" (KARDEC, Allan. *O que é o espiritismo*, Preâmbulo); e

- oferecer ao evangelizando a oportunidade de perceber-se como ser integral, crítico, consciente, participativo, herdeiro de si mesmo, cidadão do universo, agente de transformação de seu meio, rumo a toda perfeição de que é suscetível.[10]

d) A importância da continuidade dos processos de planejamento e avaliação das atividades evangelizadoras que visam ao alcance dos objetivos da evangelização;

---

10 FEDERAÇÃO ESPÍRITA BRASILEIRA. *Currículo para as escolas de evangelização espírita infantojuvenil*. Rio de Janeiro: FEB, 2007.

e) A relevância de se fortalecerem vínculos e se organizarem espaços junto à família, mediante a sua responsabilidade de conduzir pela *senda do bem* as crianças e os jovens confiados por Deus à sua guarda (KARDEC, 2003, q. 582);

f) A necessária preparação dos evangelizadores para se garantir o zelo doutrinário, pedagógico, organizacional e relacional que deve permear a prática da evangelização junto às crianças, aos jovens e aos familiares;

g) A integração da tarefa de evangelização junto às demais áreas e atividades desenvolvidas pelas instituições espíritas;

sugere-se que o trabalho federativo da Área de Infância e Juventude voltado para a evangelização da infância seja desenvolvido com base nos seguintes princípios norteadores e a partir das diretrizes nacionais dispostas a seguir.

2.1 Princípios norteadores

» **Concepção**: fortalecimento da *concepção de criança* como Espírito imortal, integral, com experiências pretéritas e futuras, com potencialidades anteriormente conquistadas e limitações em fase de superação, e ativo em seu processo de desenvolvimento, aprendizagem e evolução espiritual.

» **Abrangência**: reconhecimento da ação evangelizadora abrangendo espaços de estudo doutrinário e vivência do Evangelho; de convivência familiar; de vivência e ação social; de confraternização; de comunicação social; de integração nas atividades do Centro e do Movimento Espírita.

» **Contextualização**: desenvolvimento das ações evangelizadoras a partir da realidade das crianças e dos contextos socioculturais da família, da Instituição Espírita e da comunidade.

» **Formação integral**: consideração dos eixos estruturantes e integradores da tarefa, com foco no conhecimento doutrinário, no aprimoramento moral e na transformação social; bem como a organização dos espaços de aprendizagens e interações sociais inspirados na integralidade do ser.

» **Integração**: articulação e integração das ações desenvolvidas no Centro e no Movimento Espírita, envolvendo infância, juventude e demais públicos e setores.

2.2 Diretrizes nacionais para as ações evangelizadoras da infância

Apresentam-se como diretrizes nacionais para as ações evangelizadoras da infância:

» Diretriz 1: Dinamização da evangelização espírita da infância

» Diretriz 2: Formação de trabalhadores da evangelização espírita da infância

» Diretriz 3: Organização e funcionamento da evangelização espírita da infância no Centro Espírita

» Diretriz 4: Dinamização das ações federativas voltadas à evangelização da infância

As diretrizes contemplam fundamentação doutrinária, objetivos/finalidades e estratégias, cujas propostas representam possibilidades de ação, dentre várias que podem se mostrar viáveis ao longo do desenvolvimento da tarefa, em âmbito federativo ou no Centro Espírita, considerando-se as características, os interesses e as necessidades locais.

Diretriz 1 – Dinamização da evangelização espírita da infância

Fundamentação[11]

"É de suma importância amparar as almas através da evangelização, colaborando de forma decisiva junto à economia da vida para quantos deambulam pelas estradas existenciais. E não tenhamos dúvidas de que a criança e o jovem evangelizados agora são, indubitavelmente, aqueles cidadãos do mundo, conscientes e alertados, conduzidos para construir, por seus esforços próprios, os verdadeiros caminhos da felicidade na Terra" (GUILLON RIBEIRO – DUSI, 2015).

"A evangelização espírita infantojuvenil, assim, vem concitar a todos para um trabalho árduo e promissor, no campo da implantação das ideias libertadoras, a que fomos chamados a servir, pela vitória do

---

[11] Todas as citações apresentadas na fundamentação das diretrizes estão contidas na obra *Sublime sementeira*, FEB, 2015.

conhecimento superior e pela conquista da vida maior" (BEZERRA DE MENEZES – DUSI, 2015).

"O coração infantojuvenil é abençoado solo onde se deve albergar a sementeira de vida eterna. Preservá-lo com carinho, de modo a nele ensementar os postulados libertadores do Espiritismo, é dever que não pode ser postergado pelos educadores espíritas encarregados de cuidar das gerações novas" (VIANNA DE CARVALHO – DUSI, 2015).

"Nesse sentido, à evangelização espírita infantojuvenil cabe a indeclinável tarefa educacional de preparar os futuros cidadãos desde cedo, habilitando-os com as sublimes ferramentas do conhecimento e do amor para o desempenho dos compromissos que lhes cumprirá atender, edificando a nova sociedade do amanhã" (VIANNA DE CARVALHO – DUSI, 2015).

Objetivo geral

Divulgar e dinamizar a tarefa de evangelização espírita da infância junto às crianças, jovens, familiares, Centros Espíritas e sociedade em geral.

Finalidade

Favorecer o conhecimento da tarefa de evangelização, fortalecer a ação evangelizadora e proporcionar o alcance pleno dos seus objetivos.

Estratégias

» Criar/disseminar peças de divulgação (audiovisuais e impressas) e espaços informativos (físicos e virtuais) acerca da evangelização espírita da infância e de assuntos e ações relacionados à família;

» Utilizar diferentes meios e estratégias de divulgação, adequando a metodologia e o veículo de comunicação a diferentes públicos de modo a garantir a estreita consonância com os princípios doutrinários;

» Auxiliar as Instituições Espíritas na divulgação das atividades evangelizadoras implantadas;

» Estabelecer ações continuadas de sensibilização aos dirigentes dos Centros Espíritas, evangelizadores, famílias e sociedade em geral quanto à importância da evangelização espírita da infância;

» Fortalecer a articulação entre a Área de Infância e Juventude e demais áreas de atuação do Movimento Espírita (Comunicação Social Espírita, Assistência e Promoção Social Espírita, Estudo do Espiritismo, Atendimento Espiritual, Mediunidade) no planejamento de ações voltadas à realização e divulgação da ação evangelizadora;

» Proporcionar a abordagem de temas relacionados à infância e à família em palestras, seminários e eventos culturais promovidos pelas Instituições Espíritas, preferencialmente com periodicidade definida, visando ao conhecimento da tarefa e à sensibilização quanto à sua importância;

» Incentivar a produção, a disponibilização e o compartilhamento de materiais de divulgação doutrinária, produções artísticas e literárias, voltados para o público infantil, familiares e evangelizadores;

» Disponibilizar, por meio de diferentes redes e meios de comunicação, as experiências exitosas vivenciadas na ação evangelizadora do estado;

» Proporcionar encontros confraternativos voltados para a infância em âmbito institucional (Centros Espíritas), regional ou estadual (congressinhos, dentre outros eventos federativos), mediante autorização dos responsáveis e observância dos dispositivos legais.

Diretriz 2 – Formação de trabalhadores da evangelização espírita da infância

Fundamentação

"Eis, pois, o Amor convocando servidores do Evangelho para a obra educativa da humanidade! Abençoados os lidadores da orientação espírita, entregando-se afanosos e de boa vontade ao plantio da boa semente!" (GUILLON RIBEIRO – DUSI, 2015).

"Mas, para um desempenho mais gratificante, que procurem estudar e estudar, forjando sempre luzes às próprias convicções. Que se armem de coragem e decisão, paciência e otimismo, esperança e fé, de modo a se auxiliarem reciprocamente, na salutar troca de experiências, engajando-se com entusiasmo crescente nas leiras de Jesus" (GUILLON RIBEIRO – DUSI, 2015).

"Que jamais se descuidem do aprimoramento pedagógico, ampliando, sempre que possível, suas aptidões didáticas, para que não se estiolem sementes promissoras ante o solo propício, pela inadequação de métodos e técnicas de ensino, pela insipiência de conteúdos, pela ineficácia de um planejamento inoportuno e inadequado. Todo trabalho rende mais em mãos realmente habilitadas. Que não estacionem nas experiências alcançadas, mas que aspirem sempre a mais, buscando livros, renovando pesquisas, permutando ideias, ativando-se em treinamentos, mobilizando cursos, promovendo encontros, realizando seminários, nesta dinâmica admirável quão permanente dos que se dedicam aos abençoados impositivos de instruir e de educar. É bom que se diga, o evangelizador consciente de si mesmo jamais se julga pronto, acabado, sem mais o que aprender, refazer, conhecer... Ao contrário, avança com o tempo, vê sempre degraus acima a serem galgados, na infinita escala da experiência e do conhecimento" (GUILLON RIBEIRO – DUSI, 2015).

"Mas é importante salientar que o plano espiritual, somando esforços ao trabalho perseverante dos companheiros encarnados, conta, sobretudo, com a fidelidade dos servidores a Jesus, uma vez que na base do êxito almejado permanece a fiel observância das lições evangélicas, sob os ditames do amor incondicional" (BEZERRA DE MENEZES – DUSI, 2015).

"É notório que a especialidade da tarefa não se compraz com improvisações descabidas, tão logo a experiência aponte o melhor e o mais rendoso, razão pela qual os servidores integrados na evangelização devem buscar, continuamente, a atualização de conteúdos e os procedimentos didático-pedagógicos, visando a um melhor rendimento, em face da economia da vida na trajetória da existência, considerando-se que, de fato, os tempos são chegados..." (BEZERRA DE MENEZES – DUSI, 2015).

Objetivo geral

Assegurar a formação inicial e continuada de trabalhadores da evangelização espírita da infância e das ações junto à família.

Finalidade

Primar pela fidelidade doutrinária, pelo zelo relacional, pela qualidade pedagógica e pela organização, indispensáveis à prática evangelizadora, de modo a proporcionar a conscientização acerca da responsabilidade dos trabalhadores da evangelização e a segurança necessária à adequada condução da tarefa assumida.

Estratégias

» Promover ações de sensibilização do trabalhador acerca da importância e do objetivo de capacitar-se inicial e continuadamente para a tarefa da evangelização espírita da infância;

» Incentivar a participação dos evangelizadores em palestras, seminários e congressos espíritas, bem como a participação regular em grupos de estudos da Doutrina Espírita oferecidos pelo Centro Espírita;

» Estimular e orientar os trabalhadores da evangelização acerca da necessidade de formação doutrinária sistemática para o êxito da tarefa;

» Incentivar a organização de um cronograma de formação e programação temática considerando as demandas e necessidades identificadas em âmbito local, regional ou estadual, visando ao contínuo desenvolvimento dos evangelizadores e à crescente qualidade da tarefa de evangelização;

» Contemplar, nos eventos de formação, os documentos orientadores, subsídios e diretrizes que possam fundamentar os Centros Espíritas na implantação e implementação da tarefa de evangelização espírita, bem como no atendimento das crianças pelas diversas áreas da Instituição;

» Proporcionar aos trabalhadores o conhecimento da organização e dinâmica do Movimento Espírita, com ênfase em seu objetivo e missão;

» Oferecer, periodicamente, de modo intensivo ou extensivo, cursos, seminários e oficinas voltados para a formação inicial e continuada dos trabalhadores da evangelização, contemplando temáticas relacionadas à perspectiva educativa da Doutrina Espírita, à tarefa de evangelização espírita infantojuvenil, ao desenvolvimento sociocognitivo e afetivo da criança e do jovem, aos processos de aprendizagem, ao compromisso e formação pedagógico-doutrinária do evangelizador, à ação inclusiva e atendimento às necessidades educacionais especiais, à importância do planejamento, do acompanhamento e da avaliação permanentes, e demais temas que contemplem as qualidades doutrinária, relacional, pedagógica e organizacional relativas à ação evangelizadora;

» Fortalecer, por meio da formação continuada e das ações cotidianamente realizadas, a concepção da criança como Espírito imortal em evolução, em desenvolvimento integral e ativo no seu processo de aprendizagem e evolução espiritual;

» Promover, de modo integrado a todas as áreas do Centro Espírita, oficinas, seminários, encontros, congressos, confraternizações e momentos de intercâmbio entre Centros Espíritas, voltados para os colaboradores que atuam junto à infância e à família, com vistas ao compartilhamento de experiências e ao fortalecimento da tarefa;

» Compartilhar ações relacionadas à evangelização espírita da infância desenvolvidas em âmbito nacional, regional, estadual e local, bem como sua integração com as demais áreas de trabalho federativo;

» Oferecer e estimular momentos de planejamento das ações e de acompanhamento das atividades planejadas;

» Promover espaços de formação considerando a integração e as contribuições das demais áreas junto à criança e à família, como mediunidade, atendimento espiritual, assistência e promoção social, comunicação social, dentre outras;

» Proporcionar aos trabalhadores do Centro Espírita o desenvolvimento do senso de observação das situações de vulnerabilidade e de risco para a criança, procedendo, em articulação com a Área de Assistência e Promoção Social, à orientação sobre a rede de proteção em sua localidade;

» Promover oficinas e incentivar as equipes de evangelização das Instituições Espíritas e familiares a realizarem momentos de confecção e organização de materiais didático-pedagógicos voltados para a evangelização;

» Estimular os evangelizadores à exemplificação dos ensinamentos de Jesus nas ações doutrinárias e condutas cotidianas, fundamentados na mensagem "Cartas vivas do Evangelho", de Paulo de Tarso;

» Estimular, em articulação com a Área de Comunicação Social, o uso das tecnologias da informação e comunicação como ferramentas na formação de trabalhadores da área de evangelização, seja na organização de acervos virtuais, *sites*, vídeos temáticos, videoaulas, cursos a distância, dentre outros recursos formativos;

» Incentivar a organização de uma rede de multiplicadores para o desenvolvimento das ações de formação de evangelizadores nos Centros Espíritas;

» Incentivar a organização de projetos educacionais que contemplem orientações curriculares e núcleos temáticos, visando à organização e à fundamentação pedagógico-doutrinária da tarefa da evangelização.

Diretriz 3 – Organização e funcionamento da evangelização da infância no Centro Espírita

Fundamentação

"Por outro lado, não podemos desconsiderar a importância do acolhimento e do interesse, do estímulo e do entusiasmo que devem nortear os núcleos espiritistas diante da evangelização. Que dirigentes e diretores, colaboradores, diretos e indiretos, prestigiem sempre mais o atendimento a crianças e jovens nos agrupamentos espíritas, seja adequando-lhes a ambiência para tal mister, adaptando ou, ainda, improvisando meios, de tal sorte que a evangelização se efetue, se desenvolva, cresça, ilumine..." (GUILLON RIBEIRO – DUSI, 2015).

"Tem sido enfatizado, quanto possível, que a tarefa da evangelização espírita infantojuvenil é do mais alto significado dentre as atividades desenvolvidas pelas Instituições Espíritas, na sua ampla e valiosa programação de apoio à obra educativa do homem. Não fosse a evangelização, o Espiritismo, distante de sua feição evangélica, perderia sua missão de Consolador [...]" (BEZERRA DE MENEZES – DUSI, 2015).

"Já tivemos oportunidade de lembrar que uma Instituição Espírita representa uma equipe de Jesus em ação e, como tal, deverá concretizar seus sublimes programas de iluminação das almas, dedicando-se com todo empenho à evangelização da infância e da mocidade" (BEZERRA DE MENEZES – DUSI, 2015).

"Os responsáveis pelos Centros, Grupos, Casas ou Núcleos espiritistas devem mobilizar o maior empenho e incentivo, envidando todos os esforços para que a evangelização de crianças e jovens faça evidenciar os valores da fé e da moral nas gerações novas. É necessário que a vejam com simpatia, como um trabalho integrado nos objetivos da Instituição e jamais como atividade à parte" (Bezerra de Menezes – DUSI, 2015).

"Ao dirigente espírita cabe a tarefa de propiciar aos evangelizadores todo o apoio necessário ao bom êxito do empreendimento espiritual. Não apenas a contribuição moral de que necessitam, mas também as condições físicas do ambiente, o entusiasmo doutrinário atraindo os pais, as crianças e os jovens, facilitando o intercâmbio entre todos os participantes e, por sua vez, envolvendo-se no trabalho que é de todos nós, desencarnados e encarnados. Compreendendo que a tarefa da evangelização espírita-cristã é de primacial importância, o dirigente da Casa Espírita se sentirá envolvido com o labor nobilitante, dispondo-se a brindar toda a cooperação necessária ao êxito do mesmo, o que implica resultado positivo da sua administração, que não descuida dos tarefeiros do porvir, já que a desencarnação a todos espreita, e particularmente aos que seguem à frente com a faixa etária mais avançada" (Francisco Thiesen – DUSI, 2015).

Objetivo geral

Promover e estimular a implantação, a implementação e a integração da evangelização espírita da infância no conjunto de atividades dos Centros Espíritas, proporcionando apoio à sua organização e funcionamento.

Finalidade

Sensibilizar os dirigentes e trabalhadores dos Centros Espíritas quanto à ação integrada da evangelização às demais atividades da Instituição, oferecendo orientações que possam auxiliar sua organização e seu funcionamento nos aspectos doutrinários, organizacionais, pedagógicos e relacionais, respeitando-se as possibilidades, culturas e necessidades locais.

Estratégias

» Auxiliar os Centros Espíritas na implantação e implementação da atividade de evangelização espírita da infância e ações voltadas à família, por meio da identificação das etapas de estrutura e organização, bem como pelo compartilhamento de experiências exitosas;

» Organizar ações que permitam conhecer o perfil das crianças e de suas famílias na Instituição Espírita, de modo a oportunizar o planejamento adequado às suas possibilidades, necessidades e aspectos da cultura local;

» Realizar o planejamento articulado das atividades evangelizadoras relacionadas à infância e à família, e destas com as demais atividades desenvolvidas nos Centros Espíritas, favorecendo a integração das áreas e o fortalecimento das ações;

» Auxiliar os Centros Espíritas na organização de um planejamento administrativo-pedagógico da atividade de evangelização, utilizando documentos orientadores que possibilitem o acompanhamento das ações, incluindo-se formulário específico de autorização dos pais para participação das crianças nas atividades oferecidas pela Instituição Espírita;

» Zelar pelo cumprimento das funções de acolhimento, consolo, esclarecimento e orientação, por todas as áreas, a todos os que chegam ao Centro Espírita;

» Incentivar pais e trabalhadores do Centro Espírita a integrarem as crianças nas atividades da evangelização;

» Organizar as atividades voltadas para a infância e para a família em dias e horários compatíveis, atrativos e adequados às necessidades das famílias;

» Promover momentos de integração no Centro Espírita entre crianças, jovens, familiares, colaboradores (espaço de vivência fraterna e convivência familiar), por meio de oficinas, arte, música, estudos, atividades socioassistenciais, campanhas, eventos da evangelização, atividades da Instituição, caminhadas de mobilização social, datas comemorativas, dentre outras;

» Organizar e oferecer materiais que subsidiem o trabalho de evangelização espírita da criança e as atividades voltadas para a família;

» Compartilhar diretrizes, orientações e subsídios para as ações junto à criança com as demais áreas do Centro Espírita, bem como compor um plano de trabalho que integre as ações e atividades da evangelização da infância e da juventude;

» Proporcionar ações na evangelização que primem por diferentes aprendizagens, contemplando a competência pessoal, cognitiva, produtiva e relacional;

» Proporcionar metodologia de trabalho educacional adequada e condizente com o perfil, os interesses e as necessidades das crianças, oportunizando o engajamento coletivo e a interação do evangelizando com o evangelizador e com o meio, de modo a garantir a aprendizagem significativa dos conteúdos doutrinários, a adequada contextualização e a efetividade da prática evangelizadora;

» Desenvolver e oferecer atividades lúdicas atrativas, recursos didáticos e tecnológicos dinâmicos e interativos, pautados em temas doutrinários, adequados à realidade e ao perfil da criança, da família e da Instituição Espírita;

» Promover os espaços de ação da infância (espaços de estudo doutrinário e vivência do Evangelho; de convivência familiar; de vivência e ação social; de confraternização; de comunicação social; de integração nas atividades do Centro e do Movimento Espírita);

» Proporcionar a organização de núcleos temáticos para o desenvolvimento das atividades junto à infância, a ser construído coletivamente pela Área de Infância e Juventude das federativas estaduais, cujo desenvolvimento nos Centros Espíritas assumirá caráter singular, pautado nas diferentes realidades;

» Organizar e disponibilizar aos evangelizadores, em acervo virtual ou impresso, banco sugestivo de ideias de recursos didáticos, técnicas de ensino e demais práticas pedagógicas que favoreçam a organização de ações evangelizadoras criativas, atrativas, diversificadas e bem fundamentadas;

» Considerar a efetiva participação da criança e da família em ações sociais, campanhas e ações coletivas que visem à prática da caridade e da transformação social (preparação de materiais para doação, consertos, confecção de brinquedos etc.);

» Estimular o hábito da leitura edificante e a criação e/ou a revitalização das bibliotecas e/ou salas de leitura para a infância e a família;

» Incentivar o uso da música, teatro e arte em geral como meio de difusão doutrinária, com participação das crianças, famílias e evangelizadores;

» Incentivar a exposição e a divulgação das produções elaboradas pelas crianças e familiares nas atividades evangelizadoras desenvolvidas nas Instituições Espíritas;

» Oferecer, dentro das possibilidades da Instituição, atividades diversificadas às crianças em horários alternativos à evangelização (biblioteca infantil, brinquedoteca, dentre outros espaços de convivência infantil) que favoreçam a maior participação das famílias nas atividades da Instituição;

» Proporcionar a integração entre os departamentos e áreas do Centro Espírita para o atendimento à criança e à família, visando proporcionar uma visão integral do ser e o atendimento às necessidades evidenciadas, zelando por uma comunicação eficiente, segura e fraterna;

» Incentivar a organização e o fortalecimento do atendimento espiritual no Centro Espírita para o fraterno acolhimento da família (criança, jovem, adulto, idoso), incluindo-se ações de recepção, diálogo fraterno, esclarecimento, indicação de leituras, consolo, Evangelho no lar e orientação às famílias, de modo a proporcionar encaminhamentos adequados às necessidades evidenciadas;

» Incentivar junto às famílias a implantação do Evangelho no lar;

» Proporcionar, em articulação com a Área de Assistência e Promoção Social, o adequado acolhimento à criança e à família em situação de vulnerabilidade social, orientando-a sobre a rede de proteção em sua comunidade;

» Incentivar a integração e o engajamento dos membros das famílias (crianças, jovens e familiares) nas atividades desenvolvidas no Centro Espírita, como frequentadores ou voluntários na evangelização e em outros setores;

» Garantir a acessibilidade e a inclusão de crianças, jovens e familiares com deficiência ou necessidades especiais, preparando adequadamente o ambiente físico e os colaboradores do Centro Espírita;

» Estimular os Centros Espíritas a organizarem e atualizarem, regularmente, registros (escritos, fotográficos, filmagens) das atividades desenvolvidas na evangelização da criança, do jovem e da família, bem como a memória histórica das ações promovidas em âmbito institucional e federativo, de modo a subsidiar a avaliação e o planejamento das ações futuras;

» Oportunizar ao jovem colaborar na realização de atividades junto às crianças em todas as etapas de realização, incluindo planejamento, desenvolvimento e avaliação das atividades, de modo a fortalecer o protagonismo juvenil;

» Implementar, em articulação com as demais áreas da Instituição, estratégias que favoreçam a identificação e preparação de novos trabalhadores para a tarefa de evangelização, divulgando-se a importância da tarefa;

» Incentivar o fortalecimento da interação da família junto à tarefa de evangelização por meio de reuniões periódicas voltadas para a apresentação das ações desenvolvidas e para a abordagem de temas familiares à luz do Espiritismo.

Diretriz 4 – Dinamização das ações federativas voltadas para a evangelização da infância

Fundamentação

"Entretanto, renovando-se a mentalidade dos adultos, sejam eles pais ou preceptores, diretores de Instituições ou servidores do Movimento Espírita, com esclarecimentos sobre a importância e necessidade da evangelização espírita infantojuvenil, haverá uma notável aceleração, uma ampliação mais sensível das tarefas previstas. Por esse motivo, são tão necessárias as campanhas de esclarecimento junto à família cristã, às Instituições Espíritas, como também aos próprios evangelizadores" (BEZERRA DE MENEZES – DUSI, 2015).

"Superando a acomodação ancestral a respeito da preparação das gerações novas, a campanha vem sensibilizando as pessoas responsáveis pelo progresso da humanidade, nas Casas Espíritas, despertando novos e interessados trabalhadores, que compreendem a urgência da educação espírita-cristã, à luz do Evangelho e da Codificação. A socialização da criança e do jovem através da Campanha de Evangelização Espírita é fundamental para a construção de uma mentalidade livre de preconceitos e equipada de recursos superiores para o enfrentamento dos desafios no mundo moderno, no qual as mudanças se fazem com muita rapidez" (FRANCISCO THIESEN – DUSI, 2015).

"É necessário que sejam mobilizados todos os recursos disponíveis, a fim de que a campanha prossiga no seu rumo iluminativo, abrindo novas portas e mantendo aqueles que facultam o trabalho, que está em fase de crescimento e tem por meta melhorar a qualidade do ensino--cristão às gerações novas. Estimulando os evangelizadores, os pais e os dirigentes espíritas para que se mantenham engajados no projeto da campanha, conseguiremos atingir os objetivos mediatos que nos estão reservados. O nosso é um trabalho que não cessará, porquanto estaremos sempre apresentando propostas novas e adequadas a cada época, sem fugirmos às bases do programa estabelecido, que são os pensamentos de Jesus e da Codificação, conforme no-la ofereceu Allan Kardec" (FRANCISCO THIESEN – DUSI, 2015).

"Diariamente reencarnam-se na Terra servidores que se comprometeram no Mais Além com a atividade de evangelização infanto-juvenil. [...] Os mentores das Instituições Espíritas providenciam para que não faltem trabalhadores habilitados para o ministério de manutenção e de desenvolvimento da Entidade, dependendo a sua preservação daqueles que a dirigem e a orientam. Mergulhar o pensamento e o sentimento nas lições sublimes de Jesus desveladas pelo Espiritismo é dever de todos aqueles que se candidatam ao ministério da educação das gerações novas..." (BEZERRA DE MENEZES – DUSI, 2015).

Objetivo geral

Promover a dinamização das ações federativas voltadas para a evangelização da infância em âmbito nacional, regional, estadual, microrregional, municipal e local, fortalecendo o intercâmbio e o compartilhamento de ideias, projetos e ações.

Finalidade

Fundamentado nos princípios norteadores da tarefa, favorecer o desenvolvimento e a dinamização das ações federativas relativas à evangelização, oportunizando a construção coletiva e o desenvolvimento integrado de ações e projetos voltados para o público infantil e para as famílias.

Estratégias

» Mapear e caracterizar o desenvolvimento das atividades de evangelização espírita da infância nas Instituições Espíritas do estado, identificando ações para seu fortalecimento permanente;

- » Promover o compartilhamento de ações, projetos e diretrizes relativas à evangelização espírita da infância junto aos órgãos de unificação e Centros Espíritas do estado, ressaltando a importância da articulação com as demais áreas de trabalho do Movimento Espírita;

- » Disponibilizar aos órgãos de unificação regionais e Centros Espíritas os materiais existentes relacionados à Campanha Permanente de Evangelização Espírita Infantojuvenil (cartazes, folders, vinhetas etc.), promovendo seu conhecimento e estudo;

- » Organizar a publicação e disponibilização de documento orientador para as ações voltadas para a infância, de forma colegiada e integrada às demais áreas do Movimento Espírita;

- » Organizar acervo (banco) de compartilhamento de atividades e vivências exitosas da prática evangelizadora, em âmbito local, estadual e nacional;

- » Oportunizar encontros regionais e/ou estaduais de trabalhadores de evangelização ou eventos direcionados à infância e à família, voltados para o estudo, o compartilhamento de experiências e a divulgação das atividades evangelizadoras desenvolvidas;

- » Estimular a integração entre os Centros Espíritas do estado, bem como com os órgãos de unificação regionais e com as Entidades Federativas de âmbito estadual e nacional;

- » Promover o intercâmbio de experiências entre Centros Espíritas, potencializando sua comunicação e o fortalecimento do Movimento Espírita estadual;

- » Realizar reuniões com as coordenações de infância dos órgãos de unificação do movimento federativo em âmbito estadual e regional, objetivando o planejamento de ações articuladas e integradas com vistas ao fortalecimento da tarefa nos Centros Espíritas;

- » Constituir e preparar equipes de apoio federativo para auxiliarem e acompanharem os órgãos de unificação regionais e as Instituições Espíritas do estado na implantação e implementação das atividades de evangelização voltadas para a infância e para a família, oportunizando a conscientização acerca da relevância da Doutrina Espírita, do Movimento Espírita, da Instituição Espírita e da ação evangelizadora, como contributo para a regeneração da humanidade e para o êxito da missão espiritual do Brasil;

» Organizar e efetivar, em conjunto com os órgãos de unificação regionais e as Instituições Espíritas, atividades que contemplem visitas de apoio, acompanhamento e compartilhamento de experiências acerca da tarefa de evangelização junto à criança, ao jovem e à família;

» Incentivar a participação dos Centros Espíritas em reuniões e encontros regionais e eventos (congressos, cursos, seminários, fóruns) organizados pelas Entidades Federativas Estaduais e órgãos de unificação regionais;

» Divulgar, periodicamente, por meios de comunicação impressa e/ou virtual, bem como em eventos federativos, as ações exitosas desenvolvidas pelos órgãos de unificação regionais e Centros Espíritas do estado junto às crianças;

» Estabelecer rotinas ou participar de comunicação permanente com os coordenadores da tarefa de evangelização nos Centros Espíritas e com os órgãos de unificação regionais, estaduais e nacional, utilizando diferentes estratégias e meios de comunicação (físicos e virtuais) de modo a favorecer o intercâmbio de experiências e o fortalecimento dos vínculos;

» Fortalecer a articulação entre as áreas de Infância e Juventude, Família, Comunicação Social, Promoção Social Espírita e demais áreas de atuação do Movimento Espírita, no planejamento de ações voltadas para a divulgação da ação evangelizadora e do atendimento integral à criança no Centro Espírita;

» Sensibilizar e estimular a conscientização dos responsáveis pela Área de Infância e Juventude nas Entidades Federativas, nos órgãos de unificação e nos Centros Espíritas acerca da importância da adequada organização documental das ações desenvolvidas, sejam essas de cunho administrativo, pedagógico ou doutrinário, de âmbito institucional ou federativo, em meio físico e/ou virtual, visando ao acesso, consulta, pesquisa e conhecimento por parte da coordenação atual e futura da tarefa;

» Incentivar a participação das instituições federativas como representantes nos conselhos de direitos da criança e do adolescente, conselho de educação, conselhos inter-religiosos e outros espaços da comunidade para divulgar a ação evangelizadora espírita como proposta de formação ética e de vivência dos postulados cristãos;

» Contribuir com movimentos sociais a favor da vida e da promoção da paz (campanhas "Em defesa da vida", "Construamos a paz, promovendo o bem", "O melhor é viver em família: aperte mais esse laço", "Evangelho no lar e no coração", prevenção à violência e ao uso de drogas, dentre outras);

» Incentivar o uso da literatura e o desenvolvimento de expressões artísticas como ferramentas evangelizadoras.

CAPÍTULO 3

DINAMIZANDO AÇÕES: PÚBLICOS ENVOLVIDOS

O presente documento, ao oferecer subsídios e diretrizes para a ação evangelizadora espírita da infância, aponta caminhos significativos para o fortalecimento da tarefa e apresenta possibilidades de ações estratégicas que, operacionalizadas mediante as singularidades e os contextos locais, tendem a favorecer o êxito da ação evangelizadora em âmbito nacional.

As breves ações ora descritas constituem estratégias consonantes às diretrizes anteriormente expostas, organizadas e subdivididas aos diferentes públicos que integram o processo, a saber:

AÇÕES JUNTO ÀS CRIANÇAS	AÇÕES JUNTO AOS EVANGELIZADORES
AÇÕES JUNTO AOS DIRIGENTES	AÇÕES JUNTO ÀS FAMÍLIAS

(INFÂNCIA)

Múltiplas ações poderão ser inseridas nos tópicos referenciados, ampliando-se as possibilidades de atuação mediante os interesses, as disponibilidades e os locais.

3.1 Algumas ações junto às crianças

» Propiciar, junto às crianças, espaços de estudo doutrinário e vivência do Evangelho; de convivência familiar; de vivência e ação social; de confraternização; de comunicação social; de integração nas atividades do Centro e no Movimento Espírita;

» Dinamizar momentos de estudo e confraternização nos Centros Espíritas, por meio de metodologias interativas e atrativas ao público infantil, zelando pela dimensão espiritual da tarefa;

» Incentivar o intercâmbio entre crianças e evangelizadores de Centros Espíritas, por meio de visitas, encontros, excursões etc.;

» Promover confraternização de crianças espíritas e familiares, considerando-se a periodicidade e a abrangência (local, municipal, regional, estadual);

» Estimular contatos mais diretos com as crianças e seus familiares por meio de ferramentas de comunicação eficazes, considerando as atuais tecnologias de informação;

» Proporcionar o engajamento das crianças e seus familiares em atividades voluntárias e eventos do Centro e do Movimento Espírita;

» Estimular a participação das crianças em atividades inter-religiosas e em oportunidades de intercâmbio e diálogo com crianças de outras denominações religiosas;

» Estimular a participação das crianças e seus familiares em ações voltadas para causas solidárias, para a prática da cidadania e a promoção do bem, consonantes com a Doutrina Espírita.

3.2 Algumas ações junto aos dirigentes

» Sensibilizar os dirigentes para a importância de se implementarem e ofertarem encontros semanais de evangelização espírita da infância voltados para o estudo e vivência da Doutrina Espírita e para a confraternização, bem como para apoiar a equipe de trabalhadores do Centro Espírita em suas necessidades;

» Sensibilizar os dirigentes para estimular a participação das crianças e suas famílias nas atividades do Centro Espírita, favorecendo sua integração;

» Desenvolver ações federativas para sensibilização de dirigentes, aproveitando-se, quando possível, a organização federativa existente no próprio estado por meio dos conselhos/comissões regionais;

» Sensibilizar os dirigentes para viabilizar a participação das crianças em eventos nas instâncias do Centro e do Movimento Espírita;

» Planejar, junto aos dirigentes e demais setores da Instituição, formas de sustentabilidade financeira para o desenvolvimento das ações previstas.

3.3 Algumas ações junto aos evangelizadores/coordenadores

» Oferecer formação inicial e continuada de evangelizadores/coordenadores sobre assuntos relacionados às ações junto à infância, primando-se por sua qualidade doutrinária, relacional, pedagógica e organizacional;

» Estimular a formação de multiplicadores para atender às demandas de cursos, seminários e capacitações de evangelizadores/coordenadores nos Centros Espíritas, fortalecendo e potencializando a rede federativa;

» Oferecer subsídios ou orientações que visem à organização de projetos educacionais contextualizados, considerando a fundamentação doutrinária e pedagógica da tarefa;

» Promover encontros sistemáticos para troca de experiências, reflexão em grupo e concretização de ações evangelizadoras e avaliativas focadas no crescimento conjunto e na cooperação;

» Promover encontros de confraternização e convivência que propiciem a construção de vínculos afetivos e o fortalecimento de laços de fraternidade que contribuirão para a formação de equipes de trabalho.

3.4 Algumas ações junto à família

» Promover e organizar momentos voltados para a convivência familiar, por meio de encontro entre crianças, jovens e familiares, com o intuito de fortalecimento dos laços de família e do (re)conhecimento afetivo;

» Promover e organizar grupos de pais e familiares/reuniões de estudos de temas familiares à luz do Espiritismo, oportunizando reflexões e diálogos para aproximação das famílias no Centro Espírita;

» Sensibilizar as famílias quanto à importância de apoiar e incentivar a criança a frequentar e se engajar nas atividades do Centro Espírita, bem como convidá-las para se integrarem nas atividades oferecidas pela Instituição Espírita;

» Sensibilizar e incentivar as famílias para a participação de seus membros na reunião de Evangelho no lar.

CAPÍTULO 4

DESENVOLVIMENTO, ACOMPANHAMENTO E AVALIAÇÃO

Os princípios norteadores e as diretrizes nacionais para evangelização espírita da infância, como resultado de construção coletiva e de participação efetiva das unidades federativas do país, representam relevante documento orientador das ações relativas à evangelização espírita da infância. As diretrizes contemplam os objetivos da tarefa e constituem bússola norteadora das ações e dos investimentos junto ao público infantil. As ações estratégicas representam, por sua vez, mapeamento de caminhos possíveis para o alcance dos objetivos, apresentados, a título sugestivo e ilustrativo, visando ao fortalecimento permanente e à qualidade crescente da tarefa da evangelização.

As ações de evangelização espírita da infância podem e devem ser potencializadas constantemente, em todas as instâncias do Movimento Espírita (Centros Espíritas, Órgãos de Unificação Regionais, Entidades Federativas Estaduais e Nacional), de modo a promover a efetividade da tarefa e o pleno alcance dos objetivos propostos.

Observa-se que os princípios norteadores e as diretrizes apresentados constituem instrumento de referência nacional para o delineamento das ações em âmbito estadual, contribuindo para a elaboração de planos de ação e projetos de abrangência federativa (órgãos de unificação) ou em âmbito de Centro Espírita, que deverão considerar as especificidades, potencialidades, necessidades e culturas locais, sugerindo-se a constante avaliação das ações desenvolvidas com vistas ao pleno alcance dos objetivos da evangelização espírita infantojuvenil.

4.1 Recomendações

Visando à organização e à efetividade das diretrizes estabelecidas, recomendamos que:

» Sejam elaboradas estratégias de planejamento, acompanhamento e avaliação das diretrizes;

» Busque-se articular e integrar as ações direcionadas à infância, à juventude e à família, e estas às demais atividades/setores da Instituição Espírita;

» Seja considerada, em sua operacionalização, a diversidade sociocultural da população;

» Sua implantação e/ou a implementação abranja a capital e o interior dos estados.

PALAVRAS FINAIS

Ao apresentar subsídios e diretrizes para a ação evangelizadora espírita da infância, que contempla as concepções e os princípios norteadores sobre os quais se edificam as inúmeras atividades voltadas para o estudo, a prática e a difusão da Doutrina Espírita junto ao coração, mente e mãos infantis, espera-se contribuir para o fortalecimento constante dessa relevante tarefa.

Nesse sentido, a atenção à qualidade doutrinária, relacional, pedagógica e organizacional favorecerá a ampliação do olhar e o investimento simultâneo nos diferentes espaços de ação com a criança, proporcionando-lhe o conhecimento doutrinário, o aprimoramento moral e a vivência de ações que contribuem para a transformação social.

O campo, em plena expansão, exige do cultivador sensibilidade e zelo, preparação e perseverança, de modo a garantir a qualidade da semeadura e da colheita. A relevância da semente, a singularidade do solo, a diversidade do ambiente, somadas à presteza do semeador, garantirão espaços de efetiva frutescência, expressa pelas oportunidades de convívio, aprendizado e autoaprimoramento. Prossigamos, pois, ao alvo, inspirados pelo Alto, certos de que, "tendo sido semeado, cresce"! JESUS (*Marcos*, 4:32).

MENSAGEM FINAL

100 Anos da Evangelização Espírita da Criança

MEIMEI

Abençoados sejamos todos nós que aqui nos reunimos, sob o amparo de Deus, nosso Pai celestial, e de Jesus, nosso guia.

Que a paz do Senhor nos acompanhe a existência, onde quer que estejamos!

No momento em que a Casa de Ismael comemora o *Centenário da Evangelização Espírita da Criança*, fomos tocados por este gesto que nos reporta aos dedicados confrades de todas as épocas, envolvidos na nobre tarefa espírita de educar as novas gerações.

Constatamos que o trabalho de evangelização, em qualquer faixa etária, é o amor em ação, mas que pode, muitas vezes, escapar ao entendimento dos que ainda se encontram distantes do verdadeiro sentido da arte de educar, mesmo sendo pessoas imbuídas de boa vontade ou portadoras de significativa aquisição intelectual.

Educar é ver mais além, projetar-se no futuro. Educar extrapola a aplicação de técnicas e recursos didáticos que, a despeito de serem legítimos e úteis, estão atrelados, em geral, a metodologias que no mundo priorizam o período que vai do berço ao túmulo, desconsiderando a imortalidade do Espírito. Nesse contexto, percebemos que os usuais processos e métodos educativos selecionados revelam-se simplificadores por desconhecerem, intencionalmente ou não, as experiências reencarnatórias pretéritas do ser reencarnado e seus estágios no plano espiritual.

Reconhecemos que estudiosos e pesquisadores da educação são almas devotadas, merecedoras de consideração e respeito porque trazem ao mundo — ainda tão focado nas necessidades transitórias da matéria — um pouco de luz e de esclarecimento, contribuindo para que a humanidade se organize em melhores condições de vida. Contudo, falta-lhes em sua generalidade o empenho de investir na edificação moral do indivíduo e das coletividades, sendo-lhes mais fácil manterem-se acomodados na periferia do conhecimento humano que destaca a valorização da inteligência e prioriza o imediatismo da vida.

Enquanto o ser humano não aprender, efetivamente, conjugar o verbo amar e reconhecer-se como filho de Deus e irmãos uns dos outros, os seus propósitos existenciais estarão voltados para a expansão intelectual, em detrimento dos valores morais.

Para que a humanidade alcance melhor patamar evolutivo, a educação deve associar inteligência e moralidade. Moralidade que extrapola teologias, normas e dogmas religiosos, por se fundamentar na prática do bem, que analisa de forma reflexiva as consequências das próprias ações individuais e que adota, como regra universal de convivência, a milenar orientação recordada por Jesus: "Fazer ao outro o que gostaria que o outro nos fizesse".[12]

Unidos em torno do ideal do bom entendimento mútuo, o indivíduo educado, intelectual e moralmente, se transforma em servidor da humanidade e em instrumento de Deus, contribuindo para que a fraternidade se estabeleça definitivamente no planeta. Isso só vai acontecer se a educação viabilizar a transformação íntima do Espírito.

A educação será considerada bem entendida e bem vivenciada se for capaz de educar integralmente o ser humano. Para atingir tal expectativa, é preciso compreender a essência deste ensinamento do Mestre nazareno, que permanece atemporal: "Deixai vir a mim as criancinhas e não as impeçais".[13]

Com essa exortação, Jesus reserva na Boa-Nova mais uma lição inestimável, asseverando que não devemos impor obstáculos entre ele e as criancinhas, sejam elas Espíritos que se encontram nos primeiros anos da nova reencarnação, sejam almas que ainda jornadeiam nos estágios primários da evolução. Cuidar da criança, segundo o entendimento evangélico, se faz com afeto, atenção, respeito e muito amor.

Vemos então, neste mundo de Deus, que o "cuidar evangélico" não se limita, a rigor, à dependência de recursos materiais disponíveis ou às teorias acadêmicas.

---

12 *Mateus*, 7:12: "Assim, tudo quanto quereis que os homens vos façam, assim também fazei vós a eles, pois esta é Lei e os Profetas".

13 *Lucas*, 18:15 a 17: Trouxeram-lhe também criancinhas, para que ele as tocasse. Vendo isto, os discípulos as repreendiam. Jesus, porém, chamou-as e disse: "Deixai vir a mim as criancinhas e não as impeçais, porque o reino de Deus é daqueles que se parecem com elas. Em verdade vos declaro: quem não receber o reino de Deus como uma criancinha, nele não entrará".

A disponibilidade de recursos pode, em certas circunstâncias, até desfavorecer a educação sempre que estiver atrelada ao espírito da competitividade, da vaidade ou do individualismo. São condições desfavoráveis que, se instaladas no seio de uma comunidade, produzem resultados incontroláveis, no tempo e no espaço, com graves prejuízos aos processos evolutivos dos educandos.

Como mecanismo de reflexão e de autoavaliação, observamos que os nossos equívocos do passado retornam ao presente, clamando por quitação das dívidas contraídas perante as Leis divinas. Não nos enganemos. Quando a cobrança chega, delineia-se o momento propício para reparar falhas, corrigir decisões, reajustar o caminho. Conscientes da manifestação da lei de causa e efeito, como espíritas já detemos a compreensão de que é preciso sair da superfície do querer apenas fazer algo de bom, mas mergulhar na firme decisão de vivenciar a mensagem do Evangelho, garantindo compromisso com o amor, o elemento que fornece equilíbrio espiritual, em qualquer situação.

Nesse propósito, recordemos esta outra advertência do Cristo: "Onde está o teu tesouro também está o teu coração."[14] É válido, portanto, indagar: "Que tesouro esperamos encontrar na vida?" A resposta à pergunta fornece pistas do que já conquistamos, em termos de aprendizado do Evangelho, e o que precisa ser incorporado ao nosso patrimônio espiritual.

Esses e outros ensinamentos do Mestre nazareno assomem ao nosso coração diante da homenagem de um século de evangelização espírita da criança no cenário da Federação Espírita Brasileira. Executando as decisões do Alto, que vela por todos nós, a nossa FEB marcou, há cem anos, o início da evangelização espírita da criança, fazendo chegar aos pequeninos o Evangelho de Jesus, à luz da Doutrina Espírita. Neste momento tão especial, pedimos então permissão aos irmãos e irmãs que envergam a vestimenta física para lembrar-lhes que é preciso caminharmos juntos, mantendo os passos alinhados aos propósitos do Evangelho de Jesus, visto que já se opera nos horizontes espirituais do planeta uma profunda e radical transformação.

Um número crescente de Espíritos que sofrem vão bater-lhes às portas, convocando-os à responsabilidade de oferecer-lhes um mundo melhor, regenerado, no qual o Cristo permanece no leme.

Movimentos renovadores e progressistas, sob o amparo do Cristo, surgirão aqui e ali, disseminados pela moradia terrestre, voltados para a transformação moral

---

14 *Mateus*, 6:20 e 21: "Mas ajuntai tesouros no céu, onde nem a traça nem a ferrugem consomem, e onde os ladrões não minam nem roubam. Porque onde estiver o vosso tesouro, aí estará também o vosso coração".

da criatura humana. Fazem um apelo aos corações generosos: que se dediquem a amenizar a dor e as necessidades do próximo, amparando-o, segundo os ditames do Evangelho: "alimenta a quem tem fome, dessedenta o que tem sede e veste ao que se encontra desnudo, visita o que está doente ou preso..."[15]

Milhares de Espíritos endividados retornam às lides da vida física, confiantes de que serão amparados pela bondade do coração humano. Surgirão na vida de cada um vestidos da roupagem de crianças que imploram para não sofrerem ou provocarem qualquer tipo de abuso e traumas, condições que lhes inviabilizam o planejamento reencarnatório.

Faz-se necessário, todavia, agir com cautela. Considerar que estamos diante de uma mudança gradativa que apenas se iniciou, mas não ignorar que pululam no mundo Espíritos comprometidos com as sombras, e que assim, possivelmente, se manterão após o renascimento no corpo físico. São almas que não se acham, ainda, aliadas à causa do Cristo, mas aos próprios interesses: surgirão em massa compacta, portadores de desenvolvida inteligência aplicada em diferentes áreas do saber.

É preciso, então, não se deixarem levar pelas aparências, encaminhando tais Espíritos à segura orientação moral do Evangelho desde a idade precoce, a fim de auxiliá-los na própria melhoria espiritual. São Espíritos que estão e estarão renascendo confiantes no propósito de serem reeducados, de serem conduzidos ao bem, apoiados na palavra dos seguidores do Mestre — o qual, para muitos, ainda está longe do entendimento — e no carinho e na dedicação dos evangelizadores.

Ante tais desafios, é imperioso alimentar a fé no Amor Maior que tudo sabe e tudo vela. Não cabe, portanto, qualquer manifestação de temor diante das provocações e arrazoados dos adversários do bem ou das dificuldades que vêm pela frente.

---

15 "E quando o Filho do Homem vier em sua glória, e todos os santos anjos com ele, então se assentará no trono da sua glória. E todas as nações serão reunidas diante dele, e apartará uns dos outros, como o pastor aparta dos bodes as ovelhas; e porá as ovelhas à sua direita, mas os bodes à esquerda. Então dirá o Rei aos que estiverem à sua direita: "Vinde, benditos de meu Pai, possuí por herança o reino que vos está preparado desde a fundação do mundo; Porque tive fome, e destes-me de comer; tive sede, e destes-me de beber; era estrangeiro, e hospedastes-me. Estava nu, e vestistes-me; adoeci, e visitastes-me; estive na prisão, e foste me ver." Então os justos lhe responderão, dizendo: "Senhor, quando te vimos com fome, e te demos de comer? ou com sede, e te demos de beber? E quando te vimos estrangeiro, e te hospedamos? ou nu, e te vestimos? E quando te vimos enfermo, ou na prisão, e fomos ver-te?" E, respondendo o Rei, lhes dirá: "Em verdade vos digo que quando o fizestes a um destes meus pequeninos irmãos, a mim o fizeste".

Não temam! Espíritos peregrinos encontram-se muito próximos a vocês, ombreando-se aos obreiros dedicados e fieis.

O desafio é grande, mas mantemos a confiança no Pai, recordando a exortação do valoroso Paulo de Tarso: "Se Deus é por nós, quem será contra nós?"[16]

O importante é cuidarmos das nossas crianças! Orientá-las com segurança e amor.

•

No momento em que a Casa de Ismael comemora *Cem Anos da Evangelização Espírita da Criança*, indicamos como sugestão nos manter atentos e sensibilizados ao sofrimento do próximo, abraçando com sincero afeto os seres frágeis que se encontram na infância. Precisamos agora, mais do que nunca, de menos teoria e mais sentimento.

Guardemos a devida compreensão de que é preciso perseverar no bem, pois a palavra de ordem continua sendo a mesma que ecoa há mais de dois mil anos: doar amor.

O trabalhador da evangelização deve, pois, e sob quaisquer condições, refletir a mensagem do Senhor, anteriormente citada: "Deixai vir a mim as criancinhas, porque delas é o reino dos Céus".

Este é o nosso papel no mundo: conduzir as crianças a Jesus, a despeito das nossas imperfeições e das lutas e embates da humanidade, características do atraso moral em que nos encontramos.

Todos nós, espíritas-cristãos, fomos convocados a trabalhar como servidores da seara do Cristo, agindo com simplicidade e humildade, fraternidade e solidariedade, conscientes de que o próprio Jesus, nosso maior protetor abaixo de Deus, se colocou como um simples servidor.

Congratulamo-nos, pois, com os evangelizadores do passado e do presente pelo trabalho em prol da evangelização espírita da criança, transmitindo-lhes a nossa singela e humilde homenagem.

Com o coração colocado em cada palavra, registramos também o apreço, a gratidão e as saudações dos amigos do lado de cá que os acompanham na nobre tarefa de encaminhar as criancinhas para Jesus.

Um fraternal abraço e paz no coração.

MEIMEI[17]

---

16 *Romanos*, 8:31: "Que diremos, pois, a estas coisas? Se Deus é por nós, quem será contra nós?".
17 Mensagem psicofônica recebida por Marta Antunes Moura. FEB, Brasília, 29 mai. 2014.

REFERÊNCIAS

COSTA, A. C. G. da. *Protagonismo juvenil*: adolescência, educação e participação democrática. Salvador: Fundação Odebrecht, 2000.

DELORS, Jacques. (Org.). *Educação um tesouro a descobrir*: Relatório para a Unesco da Comissão Internacional sobre Educação para o Século XXI. Sao Paulo: Cortez; Brasilia: Unesco, 1996.

DENIS, Léon. *Depois da morte*. 28. ed. Brasilia, FEB, 2008.

DUSI, Miriam. M. (Coord.). *Sublime sementeira*: evangelização espírita infanto-juvenil. 1. ed. Brasília: FEB, 2015.

FEDERAÇÃO ESPÍRITA BRASILEIRA/CONSELHO FEDERATIVO NACIONAL. *Orientação ao centro espírita*. Rio de Janeiro: FEB, 2007.

_____. *Plano de Trabalho para o Movimento Espírita Brasileiro (2013-2017)*. Brasília: FEB, 2012a.

_____. *Plano de Trabalho para a Área de Infância e Juventude (2012-2017)*. Brasília: FEB, 2012b.

_____. *Currículo para as escolas de evangelização espírita infantojuvenil*. Rio de Janeiro: FEB, 2007.

_____. *Reformador*. Fevereiro, 1973.

_____. *Reformador*. Dezembro, 1975.

_____. *Reformador*. Fevereiro, 1976.

_____. *Reformador*. Separata, 1986.

_____. *Reformador*. Setembro, 2013.

FRANCO, Divaldo P. Por Espíritos diversos. Necessidade de Evolução. In: *SOS Família*. 9. ed. Salvador: Livraria Espírita Alvorada, 1994a.

_____. Alienação Infantojuvenil e Educação. In: *SOS Família*. Por Espíritos diversos. 9. ed. Salvador: LEAL, 1994b.

_____. *Sementeira da fraternidade*. Por Espíritos diversos. 3. ed. Salvador: LEAL, 1979.

_____. Pelo Espírito Joanna de Ângelis. *Constelação familiar*. 3. ed. Salvador: LEAL, 2012.

_____. *Sementes de vida eterna*. Por Espíritos diversos. Salvador: LEAL, 1978.

_____. *Entre dois mundos*. Pelo Espírito Manoel Philomeno de Miranda 5. ed. Salvador: LEAL, 2013.

GOMES, C. *Dos valores proclamados aos valores vividos*. Brasília: Unesco, 2001.

IBOPE. *O jovem, a sociedade e a ética*. Rio de Janeiro. Julho a agosto de 2006.

KARDEC, Allan. *O livro dos espíritos*. Tradução de Guillon Ribeiro. 84. ed. Rio de Janeiro: FEB, 2003.

_____. *A gênese*. Tradução de Guillon Ribeiro. 1. ed. esp. Rio de Janeiro: FEB, 2005a.

_____. *O evangelho segundo o espiritismo*. Tradução de Guillon Ribeiro. 1. ed. esp. Rio de Janeiro: FEB, 2004.

_____. *O que é o espiritismo*. 54. ed. Rio de Janeiro: FEB, 2006.

_____. *Obras póstumas*. Tradução de Guillon Ribeiro. 1. ed. esp. Rio de Janeiro: FEB, 2005b.

_____. *Viagem Espírita em 1862:* e outras viagens de Allan Kardec. 2. ed. Rio de Janeiro: FEB, 2011.

NOVAES, Regina; MELLO, Cecília. Jovens do Rio. *Comunicações do ISER*. Rio de Janeiro, n. 57, ano 21, 2002.

PERALVA, Martins. O pensamento de Emmanuel.

SENGE, Peter. *A quinta disciplina:* arte, teoria e prática da organização da aprendizagem. 23. ed. Rio de Janeiro: Best Seller, 2008.

UNESCO. *Aprender a viver juntos*: será que fracassamos? Brasília: Unesco, IBE, 2003.

VIEIRA, Waldo. *Conduta espírita*. Pelo Espírito André Luiz. 29. ed. Rio de Janeiro: FEB, 2006.

XAVIER, F.C.; VIEIRA, Waldo. *O espírito da verdade*. 17. ed. Rio de Janeiro: FEB, 2010.

XAVIER, F. C. *Agenda cristã*. Pelo Espírito André Luiz. 42. ed. Rio de Janeiro: FEB, 2005.

_____. *Pai nosso*. Pelo Espírito Meimei. 9. ed. Rio de Janeiro: FEB, 1986.

_____. *Fonte viva*. Pelo Espírito Emmanuel. 34. ed. Rio de Janeiro: FEB, 2006.

_____. *No mundo maior*. Pelo Espírito André Luiz. 21. ed. Rio de Janeiro: FEB, 2000.

_____. *Emmanuel*. Pelo Espírito Emmanuel. 27. ed. Rio de Janeiro: FEB, 2009.

_____. *Pão nosso*. Pelo Espírito Emmanuel. 1. ed. esp. Rio de Janeiro: FEB, 2010a.

_____. *O consolador*. Pelo Espírito Emmanuel. 28. ed. Rio de Janeiro: FEB, 2008a.

_____. *Mensagem do pequeno morto*. Pelo Espírito Neio Lúcio. 10. ed. Rio de Janeiro: FEB, 2008b.

COLEÇÃO ESTUDANDO A CODIFICAÇÃO

Uma das mais belas coleções da literatura espírita, composta pelos livros *Religião dos espíritos*, *Seara dos médiuns*, *O Espírito da Verdade*, *Justiça divina* e *Estude e viva*, apresenta um estudo aprofundado das obras da Codificação Espírita.

FEB

Conselho Editorial:
Jorge Godinho Barreto Nery – Presidente
Geraldo Campetti Sobrinho – Coord. Editorial
Edna Maria Fabro
Evandro Noleto Bezerra
Maria de Lourdes Pereira de Oliveira
Marta Antunes de Oliveira de Moura
Miriam Lúcia Herrera Masotti Dusi

Produção Editorial:
Rosiane Dias Rodrigues

Equipe de Elaboração:
Coordenação Nacional da Área de Infância e Juventude do CFN/FEB
Coordenação Adjunta de Infância
Coordenações Regionais de Infância (Centro, Nordeste, Norte e Sul)
Representantes da Área de Infância e Juventude das Entidades Estaduais
Representantes Estaduais de Infância

Revisão:
Anna Cristina de Araújo Rodrigues
Elizabete de Jesus Moreira

Capa:
Thiago Pereira Campos

Projeto gráfico:
Luciano Carneiro de Holanda
Luisa Jannuzzi Fonseca

Diagramação:
Rones José Silvano de Lima – www.bookebooks.com.br

Foto de Capa:
www.istockphoto.com – Photo-Max

Normalização Técnica:
Biblioteca de Obras Raras e Documentos Patrimoniais do Livro

Esta edição foi impressa pela Intergraf Indústria Gráfica Eireli, São Bernardo do Campo, SP, com tiragem de 2,8 mil exemplares, todos em formato fechado de 170x250 mm e com mancha de 130x205 mm. Os papéis utilizados foram o Offset 75 g/m² para o miolo e o Cartão Triplex Imune 300 g/m² para a capa. O texto principal foi composto em fonte Minion Pro 11,5/14,5 e os títulos em Zurich Lt BT 22/26,4. Impresso no Brasil. *Presita en Brazilo.*